Este é um presente do Ministério Fiel e Desiring God.
Para saber mais sobre o projeto, baixar outros formatos
e ouvir o audiolivro, acesse:

https://fiel.in/Natal

Boas-novas de Grande Alegria coloca ao nosso alcance uma nova descoberta da glória do Natal. Que grande refrigério é para pessoas ocupadas, como todos nós, sentarem-se cada dia no Advento, por 10 minutos, e pensarem sobre Jesus, o nosso Salvador — e descansar, alegrar-se e reviver!

Ray Ortlund, Pastor de pastores, Immanuel Church, Nashville, Tennessee

Como podemos experimentar o Advento de uma maneira que é vantajosa para a nossa alma depois de 25 de dezembro? Por contemplarmos e desfrutarmos a glória de Deus no Cristo encarnado, nosso Salvador, nosso Senhor, nosso irmão, nosso amigo. *Boas-novas de Grande Alegria*, escrito por John Piper, nos conduz numa exploração das boas-novas do Natal e nos convida a nos unirmos ao autor, com admiração, temor e uma alegria que ultrapassa o encanto do feriado. Este livro é sobre alegria eterna, e Piper nos guiará a essa alegria, nos levará a ele, Jesus Cristo.

J. A. Medders, Pastor, Risen Church, Houston, Texas

Estas devoções do Advento procedentes da caneta de John Piper podem ser breves, mas você achará nelas a profundeza e a riqueza de pensamento pelas quais John Piper é muito bem conhecido. Com um senso de alegria reverente, ele nos toma pela mão e nos leva ao santuário interior da encarnação. Quando paramos no manancial do Filho nascido em Belém, somos preparados para apreciar ainda mais as efusivas torrentes de amor em sua forma lacerada no Calvário. Se você quer que seu período de Natal seja espiritualmente enriquecedor, tempere-o com os pensamentos deste livro.

Conrad Mbewe, Pastor, Kabwata Baptist Church, Lusaka, Zâmbia

Que tesouro de verdades sobre Jesus! Nestas devoções breves e comoventes, John Piper eleva o nosso olhar para vermos de novo o Natal como ele deveria realmente ser visto — como as boas-novas de grande alegria para você e para mim. Este livro é um convite a conhecermos o Filho encarnado, enviado pelo Pai, no poder do Espírito.

Abigail Dodds, autora, *Mulher (A) Típica* (Fiel)

P665b Piper, John, 1946-
　　　　Boas-novas de grande alegria : 25 devocionais para o Natal / John Piper ; [tradução: Camila Rebeca Teixeira]. – São José dos Campos, SP: Fiel, 2021.

　　　　Tradução de: Good news of great joy : 25 devotional readings for Advent.
　　　　ISBN　9786557231111 (brochura)
　　　　　　　9786557231128 (epub)
　　　　　　　9786557231104 (mp3)

　　　　1. Bíblia. N.T. – Meditações. 2. Advento – Meditações. I. Título.

　　　　　　　　　　　　　　　　　　　　CDD: 242.332

Catalogação na publicação: Mariana C. de Melo Pedrosa – CRB07/6477

Boas-novas de grande alegria:
25 devocionais para o Natal

Traduzido do original em inglês
Good News of Great Joy:
25 Devotional Readings for Advent

Por John Piper.
Copyright © 2021 Desiring God Foundation.

■

Originalmente publicado em inglês por Crossway, um ministério de publicação da Good News Publishers
Wheaton, Illinois 60187, U.S.A.

Copyright © 2021 Editora Fiel
Primeira edição em português: 2021
Todos os direitos em língua portuguesa reservados por Editora Fiel da Missão Evangélica Literária

PROIBIDA A REPRODUÇÃO DESTE LIVRO POR QUAISQUER MEIOS SEM A PERMISSÃO ESCRITA DOS EDITORES, SALVO E BREVES CITAÇÕES, COM INDICAÇÃO DA FONTE.

Os textos das referências bíblicas foram extraídos versão Almeida Revista e Atualizada, 2ª ed. (Socied Bíblica do Brasil), salvo indicação específica.

■

Diretor: Tiago J. Santos Filho
Editor-chefe: Tiago J. Santos Filho
Editor: Vinicius Musselman Pimentel
Coordenação Editorial: Gisele Lemes
Tradução: Camila Rebeca Teixeira
Revisão: Francisco Wellington Ferreira
Diagramação: Rubner Durais
Capa: Rubner Durais
ISBN brochura: 978-65-5723-111-1
ISBN e-book: 978-65-5723-112-8
ISBN audiolivro: 978-65-5723-110-4

Caixa Postal 1601
CEP: 12230-971
São José dos Campos, SP
PABX: (12) 3919-9999
www.editorafiel.com.br

Sumário

Prefácio *9*

Introdução: o que Jesus quer neste Natal? *15*

Dia 1 Prepare o caminho (Lucas 1.16-17) *21*

Dia 2 O magnífico Deus de Maria (Lucas 1.46-55) *25*

Dia 3 A visitação há muito tempo esperada (Lucas 1.68-71) *29*

Dia 4 Para os pequeninos de Deus (Lucas 2.1-5) *33*

Dia 5 Nenhum desvio do Calvário (Lucas 2.6-7) *37*

Dia 6 Paz entre os homens a quem Deus quer bem (Lucas 2.12-14) *41*

Dia 7 Messias para os Magos (Mateus 2.1-2) *45*

Dia 8 A estrela sobrenatural de Belém (Mateus 2.2) *49*

Dia 9 Dois tipos de oposição a Jesus (Mateus 2.3) *55*

Dia 10 Ouro, incenso e mirra (Mateus 2.10-11) *59*

Dia 11 Por que Jesus veio (Hebreus 2.14-15) *63*

Dia 12 Substituindo as sombras (Hebreus 8.1-2) *69*

Dia 13 A realidade final está aqui (Hebreus 8.1-2, 5) *73*

Dia 14 Deus torna a sua aliança real para o seu povo (Hebreus 8.6) *77*

Dia 15 Vida e morte no Natal (João 10.10) *81*

Dia 16 A adversidade mais bem-sucedida de Deus
         (Filipenses 2.9-11)   *85*

Dia 17 A maior salvação imaginável (Jeremias 31.31)   *89*

Dia 18 O modelo do Natal para Missões (João 17.18)   *93*

Dia 19 O Natal existe para a liberdade (Hebreus 2.14-15)   *97*

Dia 20 Greve de Natal (1 João 3.8)   *101*

Dia 21 O nascimento do Ancião de Dias (João 18.37)   *105*

Dia 22 Para que você creia (João 20.30-31)   *109*

Dia 23 O presente indescritível de Deus (Romanos 5.10-11)   *113*

Dia 24 O Filho de Deus se manifestou (1 João 3.7-8)   *117*

Dia 25 Três presentes de Natal (1 João 2.1-2; 3.7-8)   *121*

Conclusão: Meu texto de Natal favorito   *127*

Apêndice: As sombras do Antigo Testamento e a
   vinda de Cristo   *133*

Prefácio

O Advento é para adorarmos a Jesus. Pelo menos, esse é o nosso ponto de vista sobre ele no ministério Desiring God.

O Advento é um período anual de espera persistente, expectativa confiante, sondagem da alma e observação do calendário por muitas igrejas, famílias cristãs e seguidores de Jesus. Não há um mandamento bíblico para observarmos o Advento. É opcional — uma tradição que se desenvolveu no curso da história da igreja como um tempo de preparação para o dia de Natal. Muitos de nós achamos que observar o Advento é espiritualmente desafiador, agradável e benéfico.

A palavra *advento* se origina do latim *adventus*, que significa "vinda". O advento que está principalmente em vista, cada dezembro, é a primeira vinda de Jesus, dois mil anos atrás. Mas a segunda vinda de Jesus também atrai a atenção, como deixa claro o popular cântico de Natal "Cantai que o Salvador Chegou":

Pecados, dores, morte, já vencidos dele são
A paz Jesus concederá em régia profusão
Em régia profusão; oh! Sim, em régia profusão.

PREFÁCIO

> Verdade e amor são sua lei, os povos acharão
> Que é justo e bom o excelso Rei, e lhe obedecerão
> E lhe obedecerão; sim todos lhe obedecerão.[1]

O Advento começa no quarto domingo antes do Natal e termina na véspera do Natal. Isso significa que, dependendo do ano, o mais cedo que ele começa é 27 de novembro, e o mais tarde é 3 de dezembro. Enquanto a Quaresma (o período de preparação para a Páscoa) é 40 dias (mais os seus seis domingos), o Advento abrange de 22 a 29 dias.

Em todo o mundo, cristãos têm maneiras diferentes de celebrar o Advento e várias manifestações práticas. Alguns acendem velas. Alguns cantam hinos. Alguns comem doces. Alguns dão presentes. Alguns penduram guirlandas. Muitos de nós fazemos todas essas coisas. Com o passar dos séculos, desenvolvemos muitas maneiras boas de estender a celebração da vinda de Jesus além das 24 horas do dia 25 de dezembro. A encarnação do Filho de Deus, "por nós e para a nossa salvação", como diz o credo antigo, é muito significativa para apreciarmos em apenas um dia. De fato, é algo que celebraremos por toda a eternidade.

Nossa oração é que este pequeno devocional possa ajudá-lo a manter Jesus como o centro e o maior tesouro durante o seu período de Advento. As velas e os doces têm o seu lugar, mas queremos assegurar-nos de que, em toda a pressa e a agitação de dezembro, acima de tudo, adoramos a Jesus.

1 Isaac Watts, "Joy to the World", 1719.

PREFÁCIO

Portanto, "Oh! Vinde, Fiéis" talvez seja o tema destas leituras do Advento.[2] Todas essas meditações dizem respeito à adoração de Cristo, o Senhor. Em alguns trechos, você ouvirá nuances de "Ó, vem, vem, Emanuel!", e, em outros, "Eis dos anjos a harmonia".[3] E, sem dúvida, teremos uma breve aparição dos magos. Mas a pessoa no centro é Jesus — o bebê nascido em Belém, o Deus-homem envolto em faixas, deitado numa manjedoura, destinado ao Calvário, enviado pelo Pai, para morrer e ressuscitar em favor de seu povo.

A introdução deve ser lida antes do início do Advento (ou em qualquer tempo durante). A conclusão pode ser lida como uma seleção adicional no dia de Natal (ou em qualquer tempo antes, especialmente se você estiver curioso a respeito do texto de Natal favorito do pastor John). O apêndice sobre as sombras no Antigo Testamento e a vinda de Cristo se correlaciona com a meditação para o dia 12 (e você achará uma observação em parênteses ali).

Que Deus se agrade em aprofundar e aprimorar sua adoração de Jesus neste Advento.

David Mathis
Diretor Executivo
Desiring God

---

[2] John Francis Wade, "O Come, All Ye Faithful", 1751.
[3] John Mason Neale, trad., "O Come, O Come, Emmanuel", 1861; Charles Wesley, "Hark! The Herald Angels Sing", 1739.

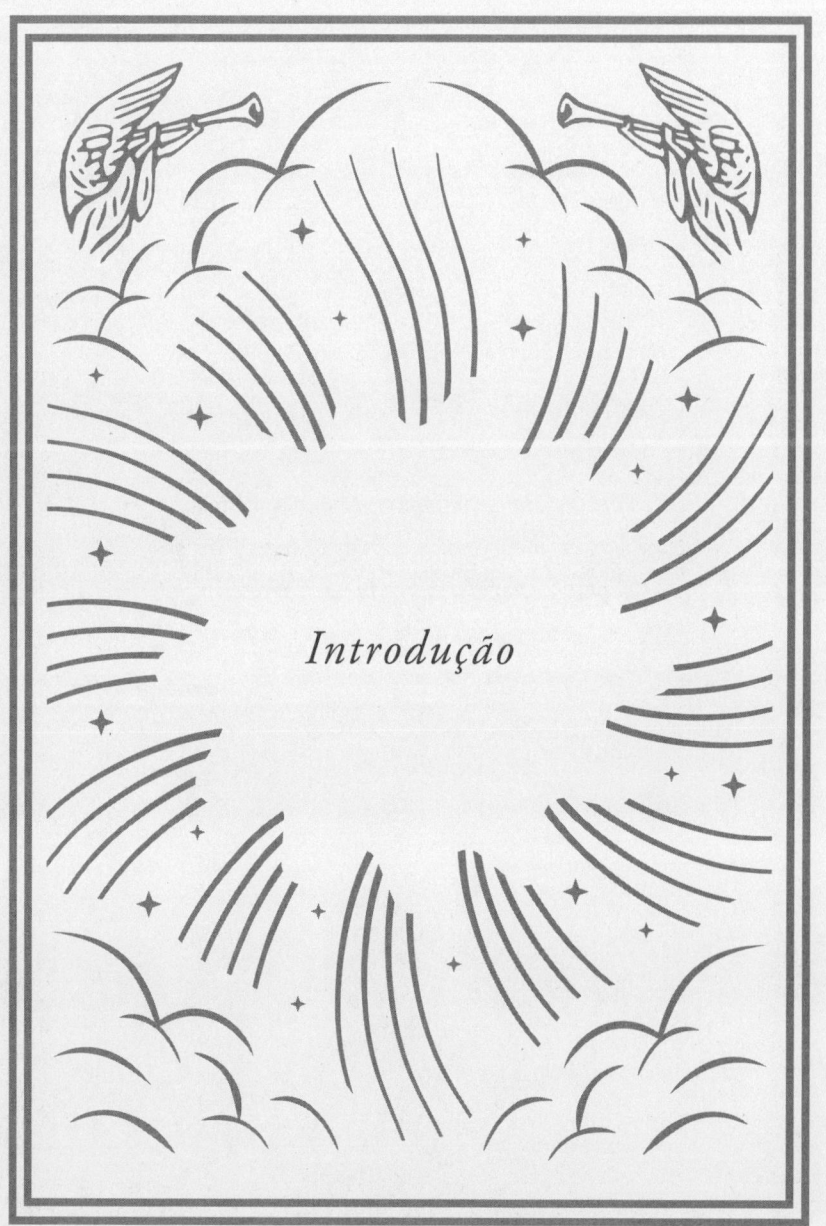
Introdução

*Pai, a minha vontade é que onde eu estou,
estejam também comigo os que me deste, para que
vejam a minha glória que me conferiste, porque
me amaste antes da fundação do mundo."*

JOÃO 17.24

INTRODUÇÃO

O que Jesus quer neste Natal?

O que Jesus quer neste Natal? Nós podemos ver a resposta nas suas orações. O que ele pedia a Deus? A sua oração mais longa está em João 17. O clímax dos Seus pedidos está no verso 24.

Entre todos os pecadores indignos do mundo, existem aqueles que Deus "deu" para Jesus. Esses são aqueles que o Pai trouxe ao Filho (Jo 6.44, 65). Esses são *cristãos* — pessoas que "receberam" Jesus como o Salvador crucificado e ressurreto, Senhor e Tesouro de suas vidas (Jo 1.12; 3.17; 6.35; 10.11, 17-18; 20.28). Jesus disse que deseja que eles estejam consigo.

Às vezes, nós ouvimos as pessoas dizerem que Deus criou o homem porque ele estava solitário. Eles dizem: "Deus nos criou para que estivéssemos *com ele*." Jesus concorda com isso? Bem, de fato, ele diz *realmente* que queria que nós estivéssemos com ele! Sim, mas por quê? Consideremos o resto do versículo. Por que Jesus queria que nós estivéssemos com ele?

...para que vejam a minha glória que [tu, Pai] me deste; porque tu me amaste antes da fundação do mundo.

Essa seria uma maneira estranha de expressar sua solidão. "Eu os quero comigo para que possam ver a minha glória." De fato, isso não expressa a solidão dele. Isso expressa a sua preocupação quanto à satisfação do *nosso* anseio, e não a *sua* solidão. Jesus não é solitário. Ele e o Pai e o Espírito são profundamente satisfeitos na comunhão da Trindade. Nós, não ele, estamos faminots por algo. E o que Jesus deseja para o Natal é que experimentemos aquilo para que fomos realmente criados — contemplar e experimentar a sua glória.

Ó, que Deus penetre isso em nossas almas! Jesus nos fez (Jo 1.3) para vermos a sua glória.

Um pouco antes de ir para a cruz, ele pede seus desejos mais profundos ao Pai: "Pai, eu desejo [eu desejo!] que eles... estejam comigo, *para que vejam a minha glória.*"

Mas isso é apenas metade do que Jesus queria nesses versos finais e culminantes de sua oração. Acabei de dizer que fomos, de fato, feitos para contemplar e *experimentar* a sua glória. Não era isso que ele queria — que não apenas pudéssemos ver a sua glória, mas também experimentá-la, nos satisfazer nela, nos deleitar nela, fazer dela o nosso tesouro e amá-la? Considere o verso 26, o último verso:

Eu lhes fiz conhecer o teu nome e ainda o farei conhecer, a fim de que o amor com que me amaste esteja neles, e eu neles esteja.

PREFÁCIO

Esse é o final da oração. Qual é o propósito *final* de Jesus para nós? Não que simplesmente vejamos a Sua glória, mas que nós o amemos com o mesmo amor que o Pai tem por ele: "A fim de que o amor com que [tu, Pai] me amaste esteja neles, e eu neles esteja".

O anseio e propósito de Jesus é que vejamos sua glória e, então, sejamos capazes de amar o que vemos, com o mesmo amor que o Pai tem pelo Filho. E ele não quer dizer que nós meramente *imitemos* o amor do Pai pelo Filho. Ele quer dizer que o próprio amor do Pai se torne o nosso amor pelo Filho — que amemos o Filho com o amor do Pai pelo Filho. Isso é o que o Espírito se torna e derrama em nossas vidas: amor ao Filho pelo Pai através do Espírito.

O que Jesus mais quer para o Natal é que seus eleitos estejam reunidos e, então, consigam o que *eles* mais desejam — *contemplar* Sua glória e, então, *experimentá*-la com o mesmo saborear do Pai pelo Filho.

O que eu mais quero para o Natal neste ano é juntar-me a você (e a muitos outros) em contemplar Cristo em toda sua plenitude e que juntos sejamos capazes de amar o que vemos, com um amor que vai muito além de nossa vacilante capacidade humana. Esse é o nosso objetivo nesses devocionais para o Advento. Queremos, juntos, contemplar e provar esse Jesus cujo primeiro "advento" (vinda) celebramos, e cujo segundo advento antecipamos.

Isso é o que Jesus pede por nós neste Natal: "Pai, mostre-lhes a minha glória e lhes dê o mesmo deleite em mim que tu tens em mim." Oh! que possamos *ver* a Cristo com os olhos de Deus e *saborear* a Cristo com o coração de Deus! Essa é a essência do céu. Esse é o presente que Cristo veio comprar para pecadores ao custo de Sua morte em nosso lugar.

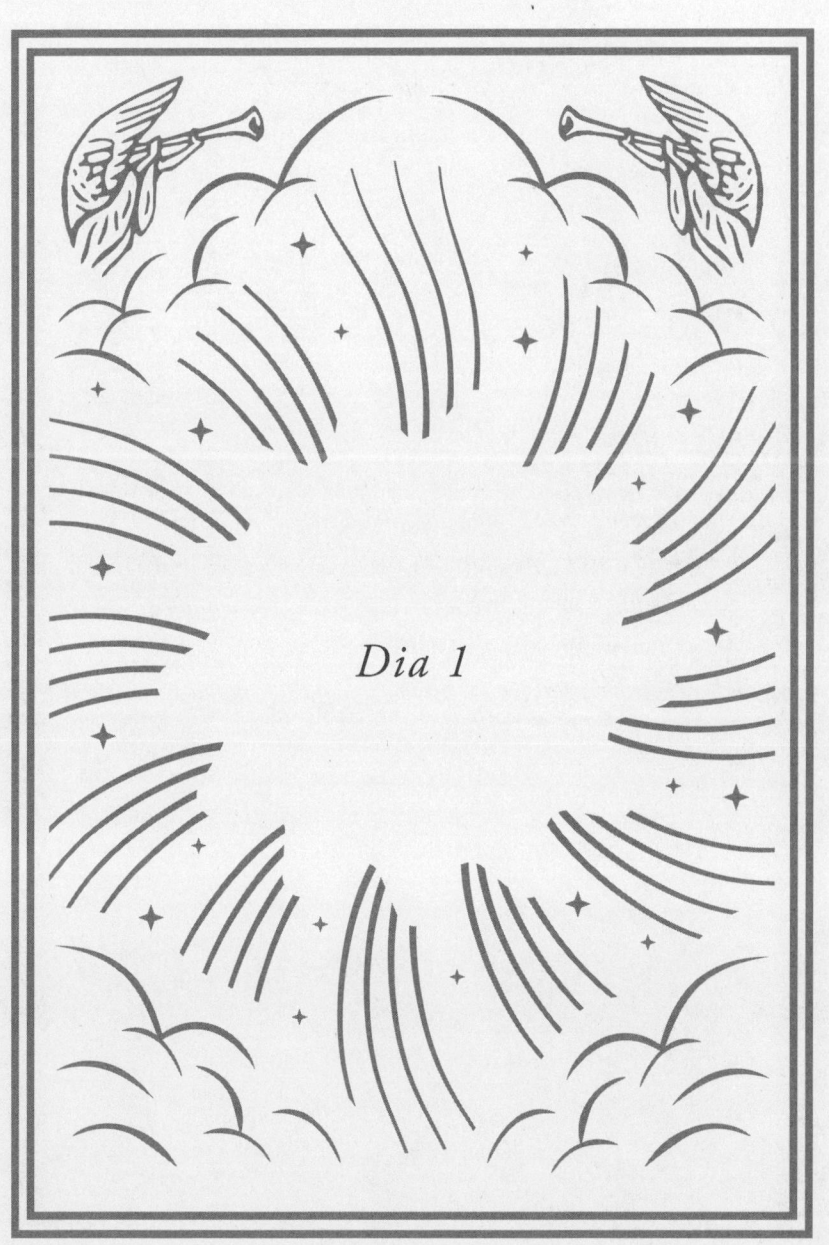

*E converterá muitos dos filhos de Israel ao Senhor,
seu Deus. E irá adiante do Senhor no espírito e poder
de Elias, para converter o coração dos pais aos filhos,
converter os desobedientes à prudência dos justos
e habilitar para o Senhor um povo preparado.*

LUCAS 1.16-17

DIA 1

Prepare o caminho

O que João Batista fez por Israel, o Advento pode fazer por nós. Não deixe que o Natal o pegue despreparado. Refiro-me ao despreparo *espiritual*. O gozo e o impacto dele serão muito maiores se você estiver pronto!

Que você esteja *preparado*...

Primeiro, medite sobre o fato de que precisamos de um *Salvador*. O Natal é uma acusação antes de se tornar um deleite. "Hoje vos nasceu, na cidade de Davi, o Salvador, que é Cristo, o Senhor" (Lc 2.11). Se você não precisa de um Salvador, não precisa do Natal. O Natal não terá seu efeito pretendido até que sintamos desesperadamente a necessidade de um Salvador. Deixe que estas curtas mediações de Advento ajudem a despertar em você uma sensação agridoce da necessidade do Salvador.

Segundo, realize um sóbrio autoexame. O Advento é para o Natal o que a Quaresma é para a Páscoa. "Sonda-me, ó Deus, e conhece o meu coração, prova-me e conhece os meus pensamentos; vê se há em mim algum caminho mau e guia-me pelo caminho eterno" (Sl 139.23-24). Que cada coração *prepare para ele morada*... limpando a casa.

Terceiro, edifique uma antecipação, esperança e empolgação centradas em Deus, em sua casa — especialmente para as crianças. Se você estiver animado sobre Cristo, eles também estarão. Se você só torna o Natal emocionante com coisas materiais, como é que as crianças terão uma sede por Deus? Dobre os esforços de sua imaginação para tornar visível para as crianças a maravilha da chegada do Rei.

Quarto, seja intenso nas Escrituras, e memorize as principais passagens! "Não é a minha palavra fogo, diz o SENHOR?" (Jr 23.29). Nesta época do Advento, reúna-se ao lado desse fogo. É quente. Está cintilando com cores da graça. É cura para mil feridas. É luz para as noites escuras.

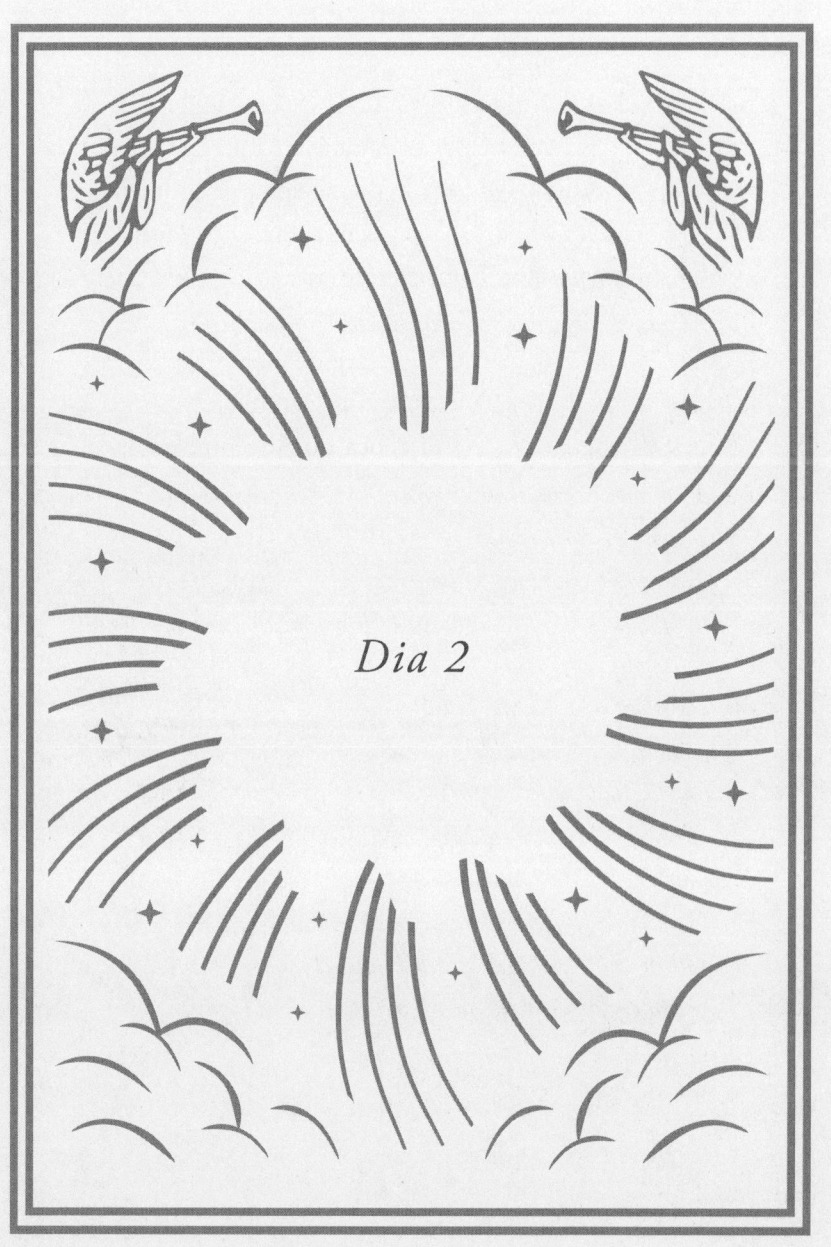

Dia 2

A minha alma engrandece ao Senhor,
    e o meu espírito se alegrou em Deus, meu Salvador,
porque contemplou na humildade da sua serva.
    Pois, desde agora, todas as gerações me considerarão
        bem-aventurada,
porque o Poderoso me fez grandes coisas.
    Santo é o seu nome.
A sua misericórdia vai de geração em geração
    sobre os que o temem.
Agiu com o seu braço valorosamente;
    dispersou os que, no coração, alimentavam pensamentos
        soberbos.
Derribou do seu trono os poderosos
    e exaltou os humildes.
Encheu de bens os famintos
    e despediu vazios os ricos.
Amparou a Israel, seu servo,
    a fim de lembrar-se da sua misericórdia
a favor de Abraão e de sua descendência, para sempre,
    como prometera aos nossos pais.

LUCAS 1.46-55

DIA 2

O magnífico Deus de Maria

Maria vê claramente uma das coisas mais notáveis a respeito de Deus: ele está prestes a mudar o curso de toda a história da humanidade; as três décadas mais importantes de todos os tempos estão prestes a começar.

E onde está Deus? Ocupando-se com duas mulheres humildes e desconhecidas — uma velha e estéril (Isabel), uma jovem e virgem (Maria). E Maria está tão comovida com esta visão de Deus, o amante dos humildes, que irrompe em canção — uma canção que chegou a ser conhecida como "o Magnificat" (Lc 1.46-55).

Maria e Isabel são heroínas maravilhosas no relato de Lucas. Ele ama a fé dessas mulheres. Parece que a coisa que mais o impressiona e aquilo com que ele deseja impressionar Teófilo, o nobre leitor do seu evangelho, é a singeleza e a alegre humildade de Isabel e Maria, ao se submeterem ao seu Deus magnífico.

Isabel diz: "E de onde me provém que me venha visitar a mãe do meu Senhor?" (Lc 1.43). E Maria diz: "Porque contemplou na humildade da sua serva" (Lc 1.48).

DIA 2

As únicas pessoas cujas almas podem realmente magnificar o Senhor são pessoas como Isabel e Maria — pessoas que reconhecem sua condição humilde e estão maravilhadas pela condescendência de Deus magnífico.

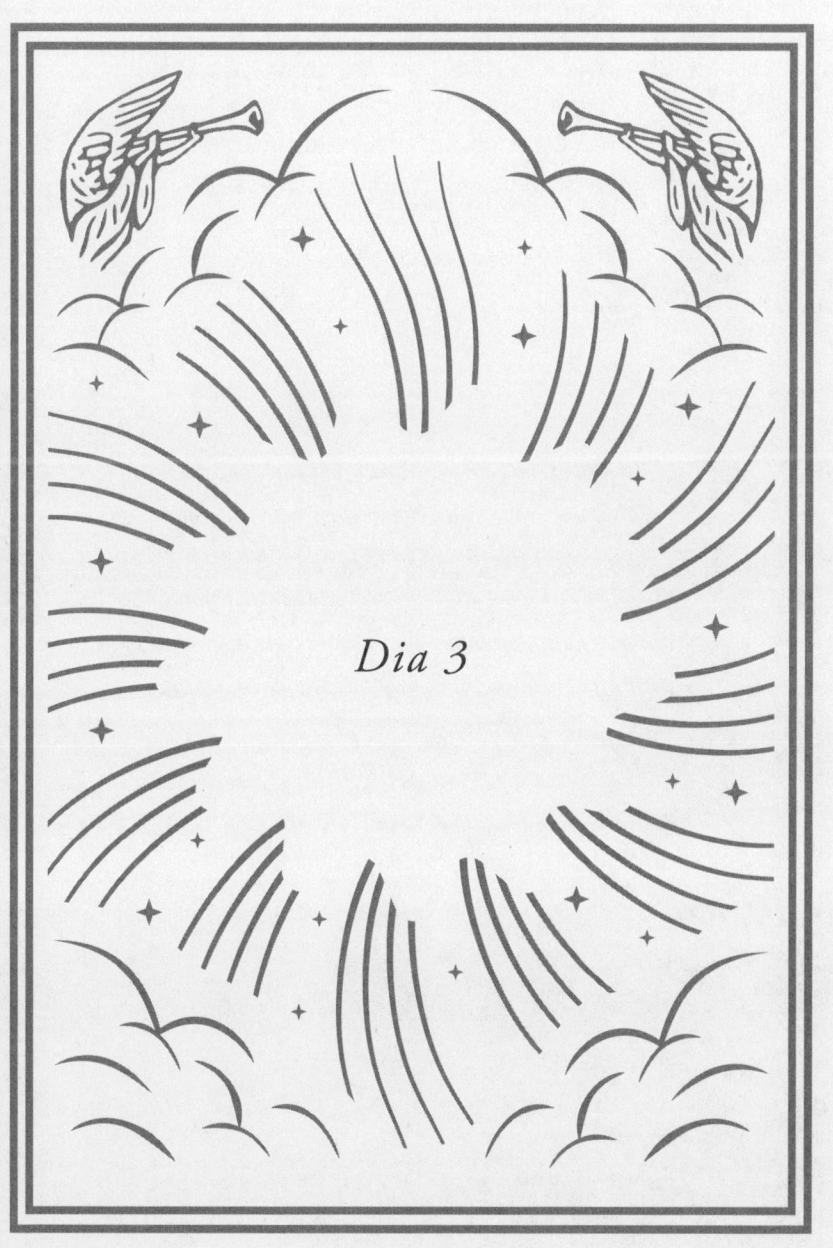

Dia 3

Bendito seja o Senhor, Deus de Israel, porque visitou e redimiu o seu povo, e nos suscitou plena e poderosa salvação na casa de Davi, seu servo, como prometera, desde a antiguidade, por boca dos seus santos profetas, para nos libertar dos nossos inimigos e das mãos de todos os que nos odeiam.

LUCAS 1.68-71

DIA 3

A visitação há muito tempo esperada

Repare duas coisas notáveis a partir das palavras de Zacarias em Lucas 1.

Em primeiro lugar, Zacarias, nove meses antes, não conseguia crer que sua esposa teria um filho. Agora, cheio do Espírito Santo, ele está tão confiante da obra redentora de Deus, na vinda do Messias, que fala dela usando o pretérito perfeito: ele "visitou e redimiu o seu povo". Pois, para a mente da fé, uma promessa de Deus é "dito e feito". Zacarias aprendeu a confiar na Palavra de Deus e assim teve uma garantia notável: "Deus visitou e redimiu!" (Lc 1.68).

Em segundo lugar, a vinda de Jesus, o Messias, é uma visitação de Deus para o nosso mundo: O Deus de Israel visitou e redimiu. Durante séculos, o povo judeu definhava sob a certeza de que Deus havia se retirado: o espírito de profecia cessara, Israel caíra nas mãos de Roma. E todas as pessoas piedosas em Israel aguardavam a visitação de Deus. Lucas nos diz, em 2.25, que outro homem, o devoto Simeão "esperava a consolação de Israel", e, em Lucas 2.38, que Ana, uma mulher de oração, "esperava a redenção de Jerusalém".

DIA 3

Foram dias de grande expectativa. Agora, a tão aguardada visitação de Deus estava prestes a acontecer — de fato, ele estava prestes a vir de uma forma que ninguém esperava.

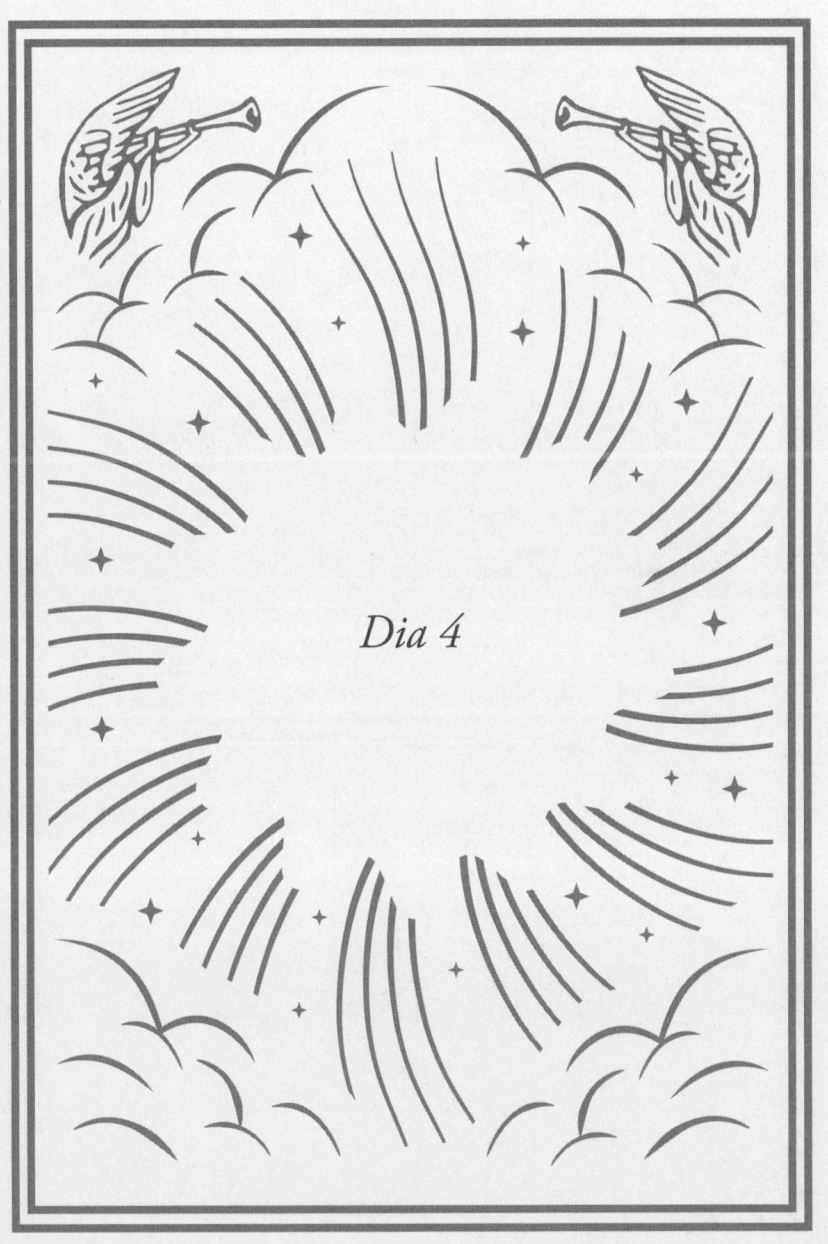

Dia 4

Naqueles dias, foi publicado um decreto de César Augusto, convocando toda a população do império para recensear-se. Este, o primeiro recenseamento, foi feito quando Quirino era governador da Síria. Todos iam alistar-se, cada um à sua própria cidade. José também subiu da Galileia, da cidade de Nazaré, para a Judéia, à cidade de Davi, chamada Belém, por ser ele da casa e família de Davi, a fim de alistar-se com Maria, sua esposa, que estava grávida.

LUCAS 2.1-5

DIA 4

Para os pequeninos de Deus

Você já pensou que incrível é o fato de que Deus ordenou de antemão que o Messias nasceria em Belém (como a profecia em Miquéias 5.2 mostra)? E você fica admirado com o fato de que ele ordenou de tal forma as coisas que, quando chegou a hora, a mãe e o pai legal do Messias não viviam em Belém, mas em Nazaré; e que, a fim de cumprir Sua palavra e levar essas duas pequenas pessoas, desconhecidas e insignificantes, a Belém naquele primeiro Natal, Deus colocou no coração de César Augusto que todo o mundo romano deveria recensear-se, cada um em sua própria cidade? Um decreto para todo o mundo, a fim de mover duas pessoas por 112 quilômetros.

Você já se sentiu, como eu, pequeno e insignificante em um mundo de sete bilhões de pessoas, onde todas as notícias são sobre grandes movimentos políticos, econômicos e sociais e sobre pessoas ilustres, com importância global, muito poder e prestígio?

Se você já se sentiu assim, não deixe que isso o desanime ou entristeça. Pois está implícito nas Escrituras que todas as gigantescas forças políticas e todos os enormes complexos industriais, sem mesmo saberem, estão sendo guiados por Deus, não para seu próprio bem, mas para o bem do pequeno povo de Deus — a pequena Maria e o pequeno José, que têm que ir de Nazaré à Belém. Deus maneja um império para abençoar seus filhos.

Não pense que, porque você experimenta adversidade em seu pequeno mundo, a mão do Senhor está encolhida. Não é a nossa prosperidade ou a nossa fama, mas a nossa santidade que ele busca com todo o Seu coração. E, para esse fim, ele governa todo o mundo. Como Provérbios 21.1 diz: "Como ribeiros de águas assim é o coração do rei na mão do SENHOR; este, segundo o seu querer, o inclina". E está sempre inclinando-o para cumprir seus propósitos salvadores, santificadores e eternos entre seu povo.

Ele é um grande Deus para pessoas pequenas, e temos grande motivo para nos alegrarmos no fato de que, sem saber, todos os reis, e presidentes, e primeiros-ministros, e chanceleres, e chefes do mundo seguem os soberanos decretos de nosso Pai que está céu, para que nós, os filhos, possamos ser conformados à imagem de seu Filho, Jesus Cristo — e, depois, entremos em sua glória eterna.

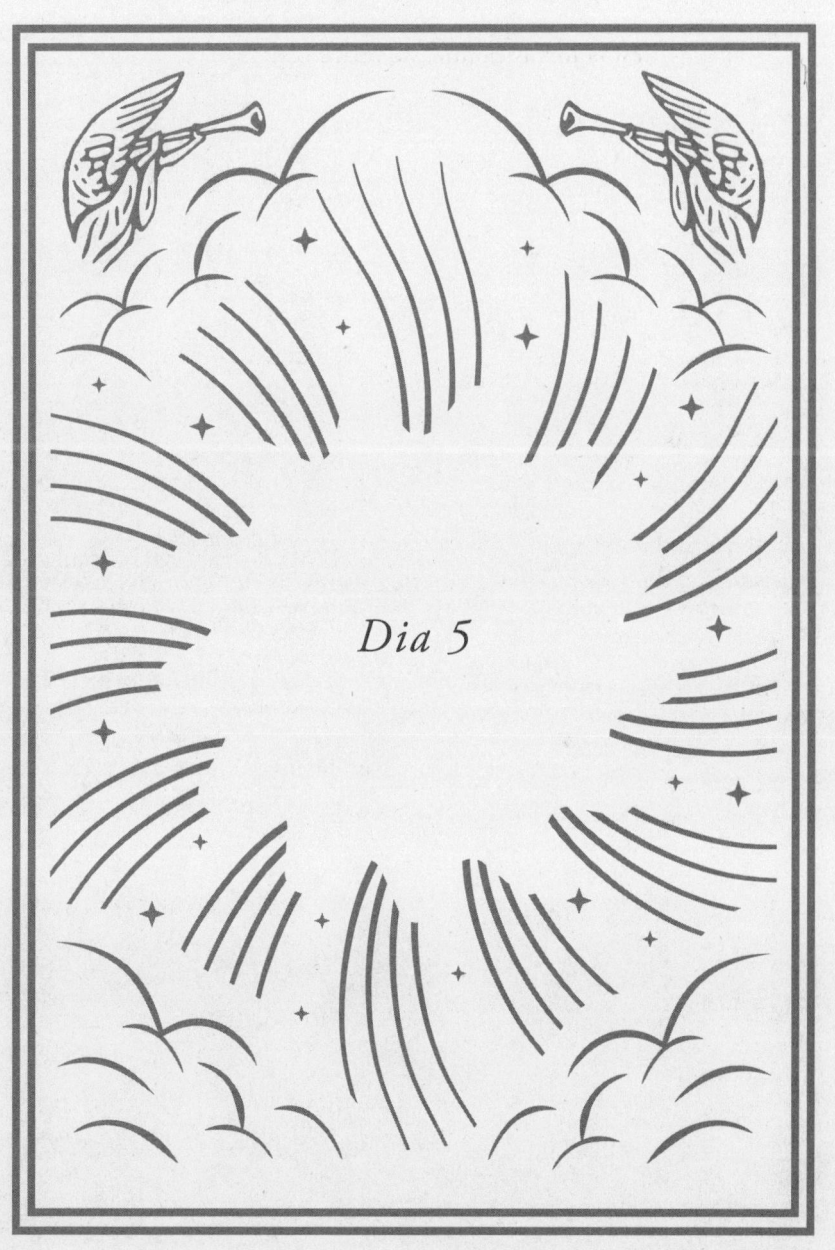

Día 5

Enquanto estavam lá, chegou o tempo de nascer o bebê, e ela deu à luz o seu primogênito. Envolveu-o em panos e o colocou numa manjedoura, porque não havia lugar para eles na hospedaria.

LUCAS 2.6-7

DIA 5

Nenhum desvio do Calvário

Agora, você pensaria que, se Deus governa o mundo de forma a usar um censo por todo império para trazer Maria e José a Belém, ele certamente poderia ter providenciado que um lugar estivesse disponível na hospedaria.

Sim, ele poderia. Ele poderia absolutamente! E Jesus *poderia* ter nascido em uma família rica. Ele *poderia* ter transformado pedra em pão no deserto. Ele *poderia* ter chamado 10.000 anjos em seu auxílio no Getsêmani. Ele *poderia* ter descido da cruz e salvado a si mesmo. A questão não é o que Deus *poderia* fazer, mas o que ele *quis* fazer.

A vontade de Deus era que, embora Cristo fosse rico, por causa de você, ele se tornasse pobre. As placas de "Sem Vagas" em todas as hospedarias de Belém foram *por sua causa*. Ele "se fez pobre por amor de *vós*" (2Co 8.9).

Deus governa todas as coisas — até as vagas dos hotéis — pelo bem de seus filhos. O caminho do Calvário começa com a placa "Sem Vagas" em Belém e termina com as cuspidas e os escárnios na cruz, em Jerusalém.

DIA 5

E não devemos esquecer que Jesus disse: "Se alguém quer vir após mim, a si mesmo se negue... tome a sua cruz e siga-me" (Lc 9.23).

Nós nos unimos a Jesus no caminho do Calvário e o ouvimos dizer: "Lembrai-vos da palavra que eu vos disse: não é o servo maior do que seu senhor. Se me perseguiram a mim, também perseguirão a vós outros" (Jo 15.20).

Àquele que fala com entusiasmo: "Seguir-te-ei para onde quer que fores", Jesus responde: "As raposas têm seus covis, e as aves do céu, ninhos; mas o Filho do Homem não tem onde reclinar a cabeça" (Lc 9.57-58).

Sim, Deus poderia ter preparado um quarto para Jesus em seu nascimento. Mas isso teria sido um desvio do caminho do Calvário.

Dia 6

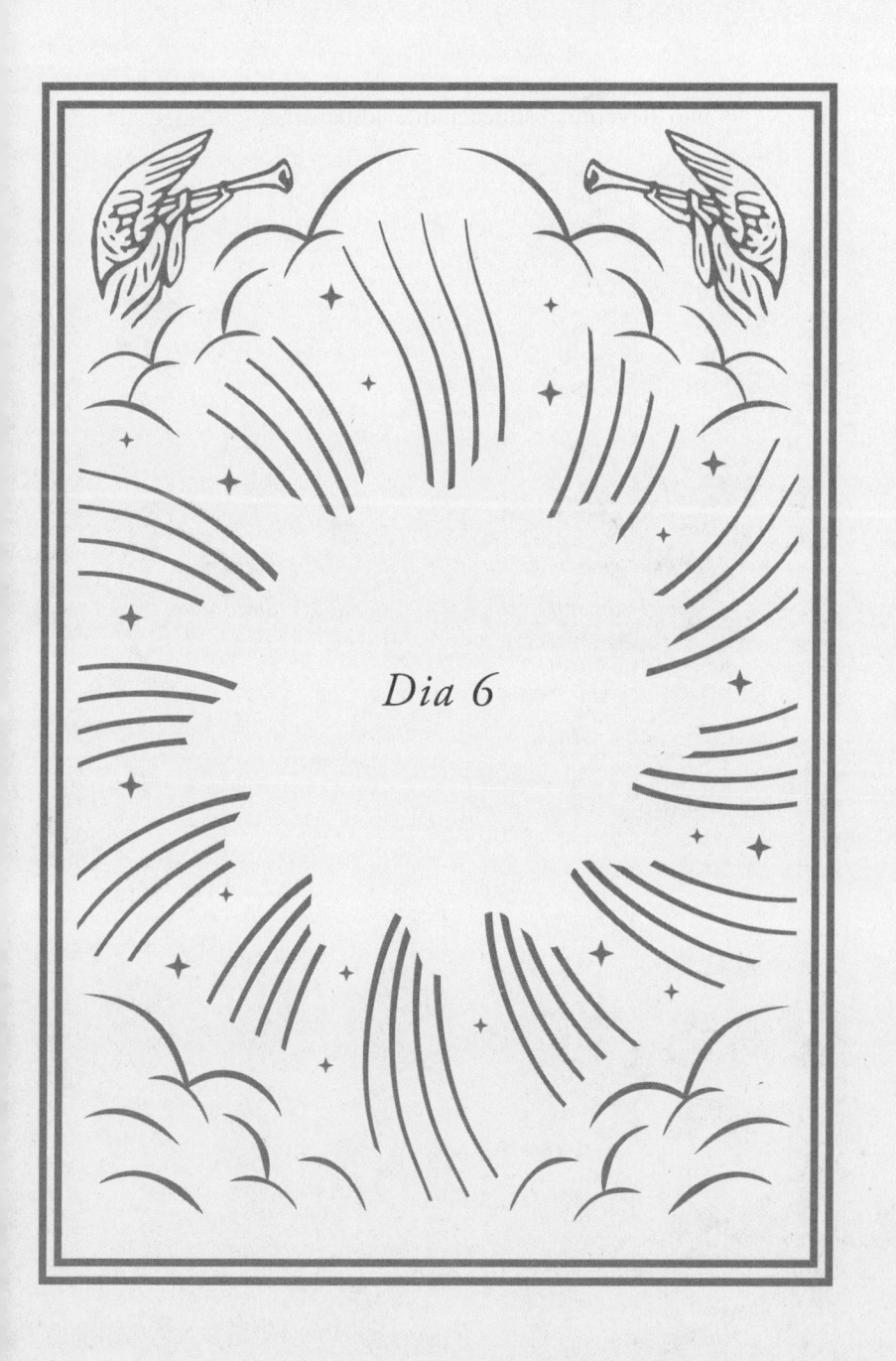

*E isto vos servirá de sinal: encontrareis uma
criança envolta em faixas e deitada em manjedoura.
E, subitamente, apareceu com o anjo uma multidão
da milícia celestial, louvando a Deus e dizendo:
Glória a Deus nas maiores alturas, e paz na
terra entre os homens, a quem ele quer bem.*

LUCAS 2.12-14

DIA 6

Paz entre os homens a quem Deus quer bem

Paz para quem? Há uma observação séria emitida no louvor dos anjos. Paz entre os homens sobre quem o favor de Deus está. Paz entre os homens a quem ele quer bem. Mas sem fé é impossível agradar a Deus (Hb 11.6). Então, o Natal não traz paz a todos.

"O julgamento é este", Jesus disse, "que a luz veio ao mundo, e os homens amaram mais as trevas do que a luz; porque as suas obras eram más" (Jo 3.19). Ou, como o velho Simeão disse ao ver o menino Jesus: "Eis que este menino está destinado tanto para ruína como para levantamento de muitos em Israel e para ser alvo de contradição... para que se manifestem os pensamentos de muitos corações" (Lc 2.34-35). Oh! quantos olham para um dia de Natal sombrio e frio e veem nada mais que isso! Uma atitude que devemos evitar.

"Veio para o que era seu, e os seus não o receberam. Mas, a todos quantos o receberam, deu-lhes o poder de serem feitos filhos de Deus, a saber, aos que *creem* no seu nome." Foi somente para seus discípulos que Jesus disse: "Deixo-vos a

DIA 6

paz, a minha paz vos dou; não vo-la dou como a dá o mundo. Não se turbe o vosso coração, nem se atemorize" (Jo 14.27).

As pessoas que desfrutam da paz de Deus que excede todo o entendimento são aquelas que em tudo, por meio da oração e súplica fazem as suas necessidades conhecidas a Deus (Filipenses 4.6-7).

A chave que abre o cofre do tesouro da paz de Deus é a fé nas promessas de Deus. Assim, Paulo ora: "O Deus da esperança vos encha de todo o gozo e paz *no vosso crer*" (Rm 15.13). E quando confiamos *realmente* nas promessas de Deus e temos alegria, paz e amor, então, Deus é glorificado.

Glória a Deus nas alturas, e paz na terra entre os homens, a quem ele quer bem! Todos — de cada povo, língua, tribo e nação — que creriam.

Día 7

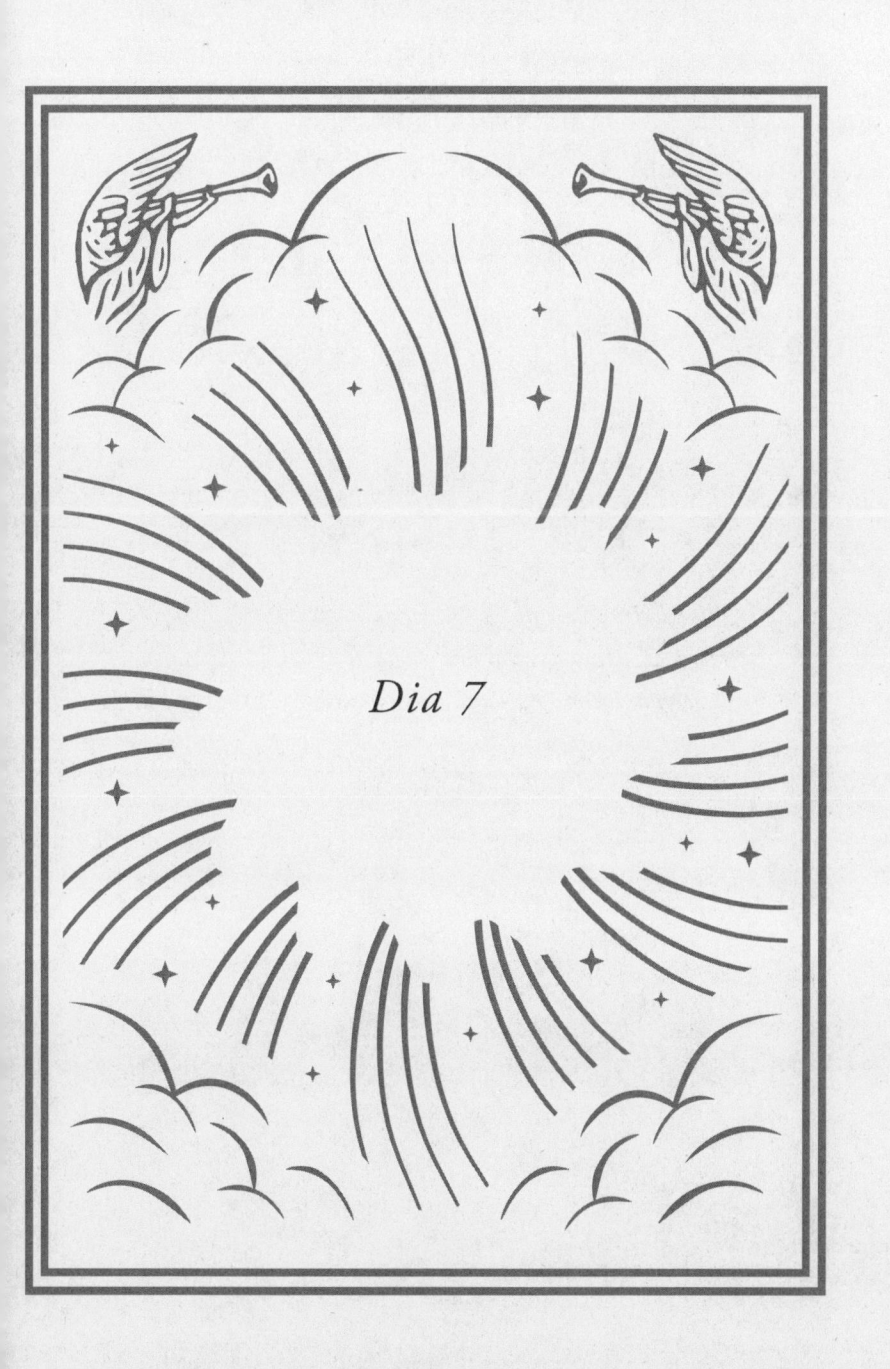

Tendo Jesus nascido em Belém da Judéia, em dias do rei Herodes, eis que vieram uns magos do Oriente a Jerusalém. E perguntavam: Onde está o recém-nascido Rei dos judeus?

MATEUS 2.1-2

DIA 7

Messias para os magos

Ao contrário de Lucas, Mateus não nos fala a respeito dos pastores que vêm visitar Jesus no estábulo. Seu foco é imediatamente sobre os estrangeiros — gentios, não judeus — que vêm do Oriente para adorar a Jesus.

Assim sendo, Mateus retrata Jesus no início e no fim de seu evangelho como um Messias universal para todas as nações, não apenas para os judeus.

Aqui, os primeiros adoradores são magos da corte, astrólogos ou sábios que não vinham de Israel, mas do Oriente — talvez da Babilônia. Eles eram gentios. Imundos, de acordo com as leis cerimoniais do Antigo Testamento.

E no final de Mateus, as últimas palavras de Jesus são: "Toda a autoridade me foi dada no céu e na terra. Ide, portanto, fazei discípulos de todas as nações" (Mt 29.18-19).

Isso não apenas abriu a porta para que nós, gentios, nos alegrássemos no Messias, como também acrescentou prova de que Jesus era o Messias, pois uma das profecias repetidas era que as nações e os reis iriam, de fato, viriam a ele como o governador do mundo. Por exemplo, Isaías 60.3:

As nações se encaminham para a tua luz,
e os reis, para o resplendor que te nasceu.

Desse modo, Mateus acrescenta provas à messianidade de Jesus *e* demonstra que ele é o Messias — um rei e cumpridor da promessa — para todas as nações, não apenas para Israel.

Dia 8

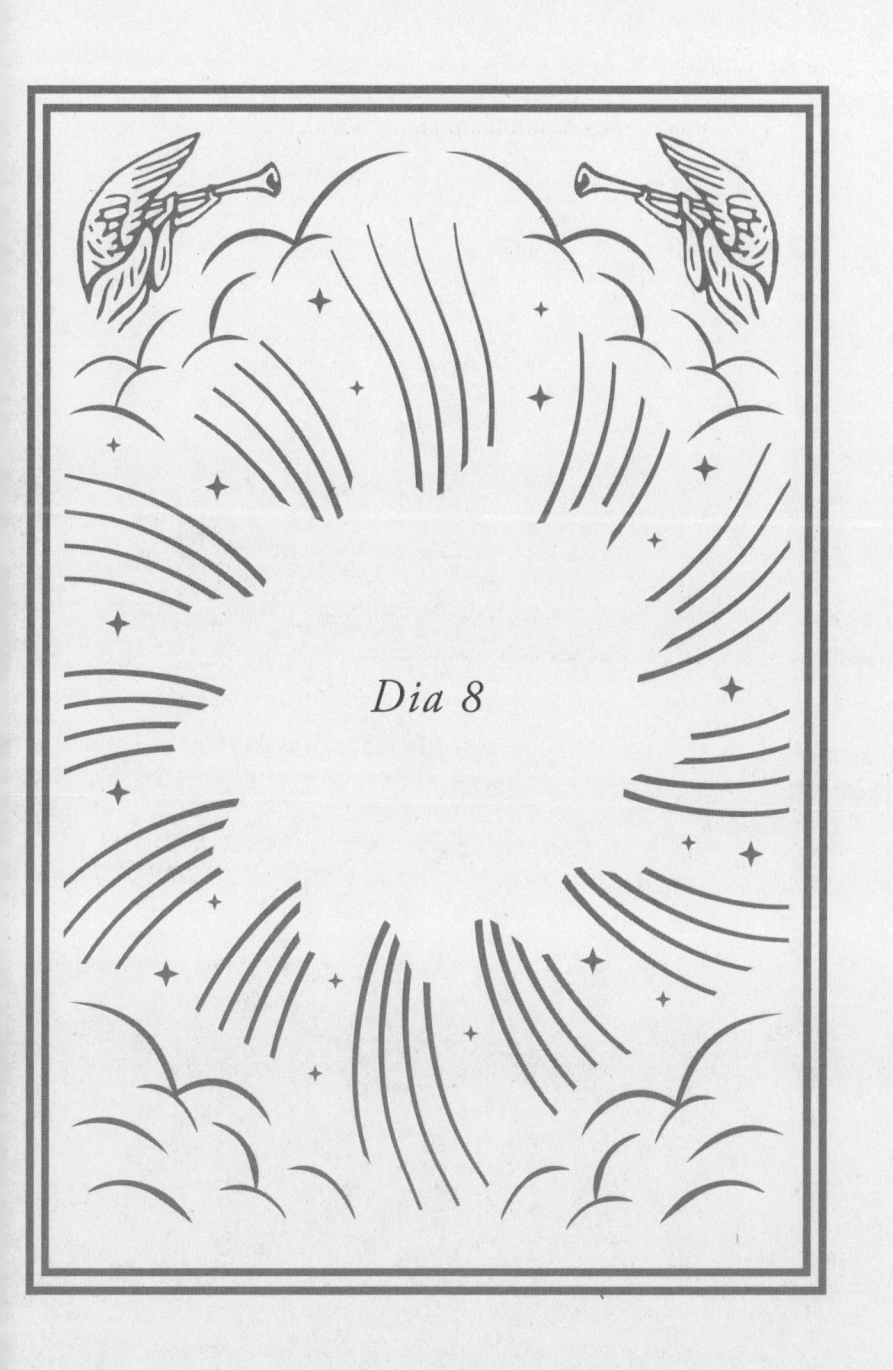

*Onde está o recém-nascido Rei dos judeus? Porque vimos
a sua estrela no Oriente e viemos para adorá-lo.*

MATEUS 2.2

DIA 8

A estrela sobrenatural de Belém

Repetidamente, a Bíblia frustra a nossa curiosidade sobre como certas coisas aconteceram. Como essa "estrela" fez os magos irem do Oriente até Jerusalém?

Não é dito que a estrela os guiou ou foi adiante deles no caminho até Jerusalém. É dito apenas que eles viram uma estrela no Oriente (v. 2) e foram a Jerusalém. E como aquela estrela os precedia no pequeno percurso de oito quilômetros de Jerusalém a Belém, como diz o versículo 9? E como uma estrela parou "sobre onde estava o menino"?

A resposta é: não sabemos. Há inúmeros esforços para explicá-lo em termos de conjunções de planetas, cometas, supernovas ou luzes miraculosas. Simplesmente não sabemos. E quero exortá-lo a não se preocupar — não se fixar — em desenvolver teorias que, por fim, são apenas tentativas e têm pouquíssima relevância espiritual.

Eu arrisco uma generalização para alertá-lo: pessoas que se ocupam e se inquietam com tais coisas — como a estrela agia, como o Mar Vermelho se abriu, como o maná caía, como Jonas sobreviveu no peixe e como a lua se transformou em sangue são geralmente as pessoas que têm o que eu chamo de mentalidade para o periférico.

Você não vê neles um profundo apreço pelas grandes coisas *centrais* do evangelho — a santidade de Deus, o horror do pecado, a incapacidade do homem, a morte de Cristo, a justificação somente pela fé, a obra santificadora do Espírito, a glória do retorno de Cristo e o juízo final. Tais pessoas sempre parecem estar conduzindo você a um desvio, com algum novo artigo ou livro sobre o qual estão entusiasmados, lidando apenas com algo periférico. Há pouco regozijo nas grandes realidades centrais.

Mas o que é claro sobre essa questão da estrela é que ela está fazendo que não pode fazer sozinha: ela está guiando os magos ao Filho de Deus, a fim de que o adorem.

Há apenas uma Pessoa no pensamento bíblico que pode estar por trás dessa intencionalidade nas estrelas: o próprio Deus.

Assim, a lição é clara: Deus está guiando estrangeiros a Cristo, para que o adorem. E, para cumprir esse propósito, ele está exercendo influência e poder globais, provavelmente até mesmo universais.

Lucas mostra Deus influenciando todo o Império Romano para que o recenseamento ocorra no momento exato para conduzir uma virgem insignificante a Belém, para cumprir a profecia com seu parto. Mateus mostra Deus influenciando as estrelas no céu para guiar um pequeno grupo de estrangeiros até Belém, a fim de que possam adorar o Filho.

Esse é o propósito de Deus. Ele o fez naquele tempo. Ele ainda o está fazendo agora. Seu objetivo é que as nações — todas as nações (Mt 24.14) — adorem seu Filho.

Essa é a vontade de Deus para todos em seu escritório no trabalho, em sua vizinhança e em sua casa. Como diz João 4.23: "São estes que o Pai procura para seus adoradores".

No início de Mateus, ainda temos um padrão de "venha e veja". Mas, no final, o padrão é "vá e diga". Os magos vieram e vira. Nós devemos ir e anunciar.

Porém, o que não é diferente é o propósito e o poder de Deus no reunir das nações para que adorem o seu Filho. A exaltação de Cristo na adoração fervorosa de todas as nações é a razão pela qual o mundo existe.

Dia 9

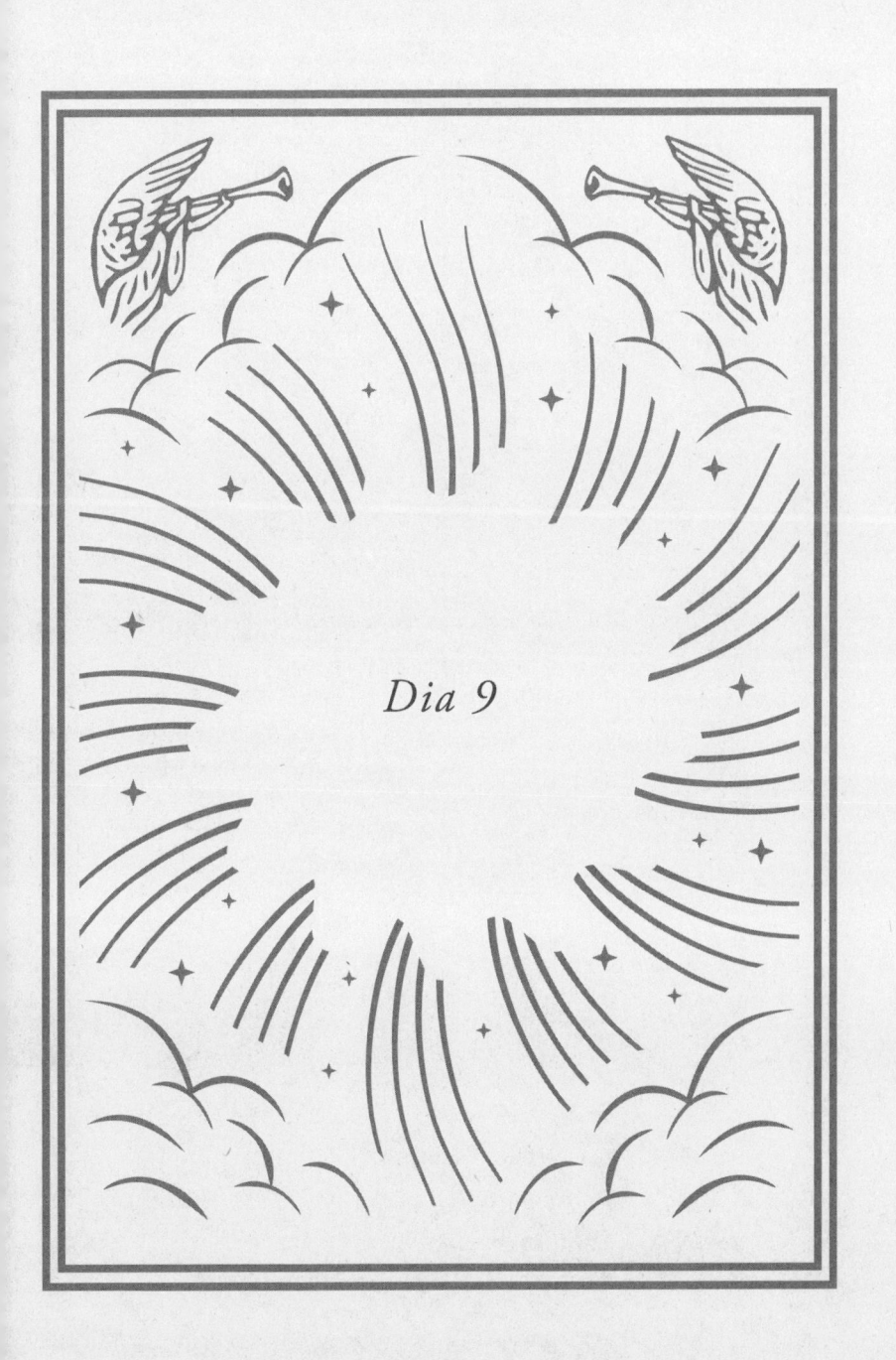

*Tendo ouvido isso, alarmou-se o rei Herodes,
e, com ele, toda a Jerusalém.*

MATEUS 2.3

DIA 9

Dois tipos de oposição a Jesus

Jesus é um incômodo para as pessoas que não querem adorá-lo, e ele suscita oposição àqueles que o adoram. Provavelmente esse não é um aspecto principal na mente de Mateus, mas é uma implicação inescapável enquanto a história continua.

Nessa história, existem dois tipos de pessoas que não querem adorar Jesus, o Messias.

O primeiro tipo são as pessoas que simplesmente não faz nada sobre Jesus. Ele é um insignificante em suas vidas. Esse grupo é representado, no início da vida de Jesus, pelos principais sacerdotes e escribas. Mateus 2.4 diz: "Convocando todos os principais sacerdotes e escribas do povo, [Herodes] indagava deles onde o Cristo deveria nascer". Bem, eles contaram a Herodes e pronto: voltaram às atividades como de costume. O absoluto silêncio e a inatividade dos líderes são esmagadores diante da magnitude do que estava acontecendo.

E observe que Mateus 2.3 diz: "Tendo ouvido isso, alarmou-se o rei Herodes, e, com ele, toda a Jerusalém". Em outras palavras, circulava o rumor de que alguém pensava que o Messias havia nascido. A inatividade dos principais sacerdotes é assombrosa — por que eles não vão com os magos? Eles não estão interessados. Eles não estão desejosos de achar o Filho de Deus e adorá-lo.

O segundo tipo de pessoas que não querem adorar a Jesus é o tipo que fica profundamente ameaçado por ele. Esse é Herodes nessa história. Ele está realmente com medo — tanto que ele trama, e mente, e, em seguida, comete assassinato em massa apenas para se ver livre de Jesus.

Assim, hoje esses dois tipos de oposição virão contra Cristo e seus adoradores: indiferença e hostilidade. Espero que você não esteja em nenhum desses grupos.

Se você é um cristão, que este Natal seja o momento de você pondere o que significa — o que custa — adorar e seguir este Messias.

Dia 10

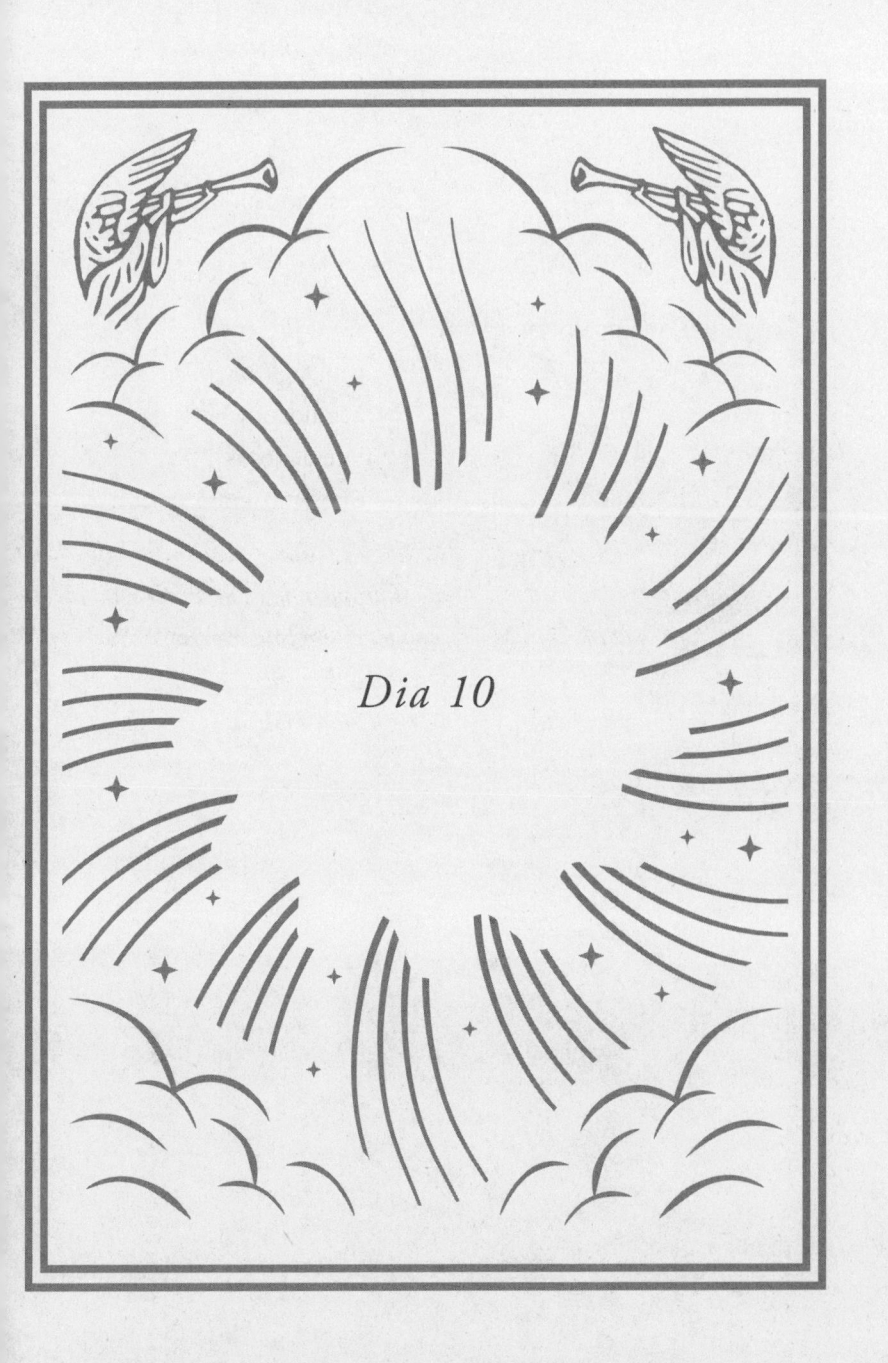

*E, vendo eles a estrela, alegraram-se
com grande e intenso júbilo. Entrando na casa, viram
o menino com Maria, sua mãe. Prostrando-se, o
adoraram; e, abrindo os seus tesouros, entregaram-
lhe suas ofertas: ouro, incenso e mirra.*

MATEUS 2.10-1

DIA 10

Ouro, incenso e mirra

Deus não é servido por mãos humanas, como se precisasse de alguma coisa (At 17.25). Os presentes dos magos não são oferecidos como assistência ou para satisfazer necessidades. Desonraria um monarca se visitantes estrangeiros chegassem com pacotes de mantimentos reais.

Esses presentes também não significam suborno. Deuteronômio 10.17 diz que Deus não aceita suborno. Bem, o que esses presentes significam? Como eles são uma adoração?

Presentes dados a pessoas ricas e autossuficientes ecoam e intensificam o desejo do doador de mostrar quão maravilhosa a pessoa é. Em um sentido, dar presentes a Cristo é semelhante a jejuar — ficar sem algo para mostrar que Cristo é mais valioso do que aquilo de que você está se privando.

Quando você dá um presente a Cristo dessa maneira, está dizendo: "A alegria que eu busco [observe Mateus 2.10 — 'E, vendo eles a estrela, alegraram-se com grande e intenso júbilo'] não é a esperança de ficar rico por barganhar contigo ou negociar algum pagamento. Eu não vim a *ti* por causa de *tuas coisas*, mas por causa de *ti mesmo*. E esse desejo eu agora intensifico e manifesto ao oferecer *coisas* na esperança de desfrutar mais de ti. Ao dar-Te aquilo de que não precisas e que eu poderia desfrutar, estou dizendo de modo mais sincero e verdadeiro: 'Tu és o meu tesouro, não essas coisas".

Acho que esse é significado de adorar a Deus com presentes de ouro, incenso e mirra.

Que Deus desperte em nós um desejo pelo próprio Cristo. Que possamos dizer de coração: "Senhor Jesus, tu és o Messias, o Rei de Israel. Todas as nações virão e se prostrarão diante de ti. Deus governa o mundo para assegurar-se de que tu sejas adorado. Portanto, seja qual for a oposição que eu possa enfrentar, atribuo alegremente autoridade e dignidade a ti e trago meus dons para dizer que somente tu podes satisfazer meu coração".

Dia 11

*Visto, pois, que os filhos têm participação
comum de carne e sangue, destes também ele,
igualmente, participou, para que, por sua morte,
destruísse aquele que tem o poder da morte, a saber,
o diabo, e livrasse todos que, pelo pavor da morte,
estavam sujeitos à escravidão por toda a vida.*

HEBREUS 2.14-15

DIA 11

Por que Jesus veio

Acho que Hebreus 2.14-15 é meu texto favorito do Advento porque não conheço nenhum outro que expresse tão claramente a conexão entre o começo e o fim da vida terrena de Jesus — entre a encarnação e a crucificação. Esses dois versículos deixam claro por que Jesus veio, ou seja, para morrer. Seria ótimo usá-los com amigos ou parentes não crentes para explicar-lhes, passo a passo, o nosso ponto de vista cristã sobre o Natal. Essa explicação poderia ser assim, uma sentença de cada vez:

> Visto, pois, que os filhos têm participação comum de carne e sangue...

O termo "filhos" é tomado do versículo anterior (Hb 2.13) e se refere à descendência espiritual de Cristo, o Messias (veja Isaías 8.18; 53.10). Estes são também os "filhos de Deus". Em outras palavras, ao enviar Cristo, Deus tem em vista especialmente a salvação de seus "filhos".

É verdade que "Deus amou ao *mundo*, de tal maneira, que deu [Jesus]" (Jo 3.16). Mas também é verdade que Deus estava *especialmente* reunindo "em um só corpo os filhos de Deus, que andam dispersos" (Jo 11.52). O desígnio de Deus era *oferecer* Cristo ao mundo e *realizar* a salvação de seus "filhos" (veja 1 Timóteo 4.10). Você pode experimentar a adoção por receber Cristo (Jo 1.12).

... destes [carne e sangue] também ele, igualmente, participou...

Isso significa que Cristo existia antes da encarnação. Ele era espírito. Ele era a Palavra eterna. Ele estava com Deus e era Deus (Jo 1.1; Cl 2.9). Mas ele tomou carne e sangue e revestiu sua deidade com humanidade. Ele se tornou plenamente homem e permaneceu plenamente Deus. Esse é um grande mistério em muitos aspectos. Mas está no coração da nossa fé e é o que a Bíblia ensina.

... para que, por sua morte...

A razão pela qual Jesus se tornou homem era morrer. Como Deus puro e simples, ele não podia morrer pelos pecadores. Mas, como homem, ele podia. Seu objetivo era morrer. Portanto, ele precisou nascer humano. Ele nasceu para morrer. A Sexta-Feira Santa é a razão do Natal. Isso é o que precisa ser dito hoje sobre o significado do Natal.

... destruísse aquele que tem o poder da morte, a saber, o diabo...

Ao morrer, Cristo desarmou o diabo. Como? Ao cobrir todo o nosso pecado. Isso significa que Satanás não tem motivos legítimos para nos acusar diante de Deus. "Quem intentará acusação contra os eleitos de Deus? É Deus quem os justifica" (Romanos 8.33). Sobre que fundamento ele justifica? Por mio do sangue de Jesus (Romanos 5.9).

A arma definitiva de Satanás contra nós é o nosso próprio pecado. Se a morte de Jesus remove o pecado, a principal arma do diabo — a arma mortal que ele tem — é retirada de sua mão. Ele não pode pleitear a nossa pena de morte, porque o Juiz nos absolveu através da morte de seu Filho!

... e livrasse todos que, pelo pavor da morte, estavam sujeitos à escravidão por toda a vida.

Logo, estamos livres do pavor da morte. Deus nos justificou. Satanás não pode derrubar esse decreto. E Deus deseja que nossa segurança *final* tenha um efeito *imediato* em nossas vidas. Ele deseja que o final feliz remova a escravidão e o medo do agora.

Se não precisamos temer o nosso último e maior inimigo, a morte, então, não precisamos temer nada. Podemos ser livres: livres para a alegria, livres para outras pessoas.

Que grande presente de Natal de Deus para nós! E de nós para o mundo!

Dia 12

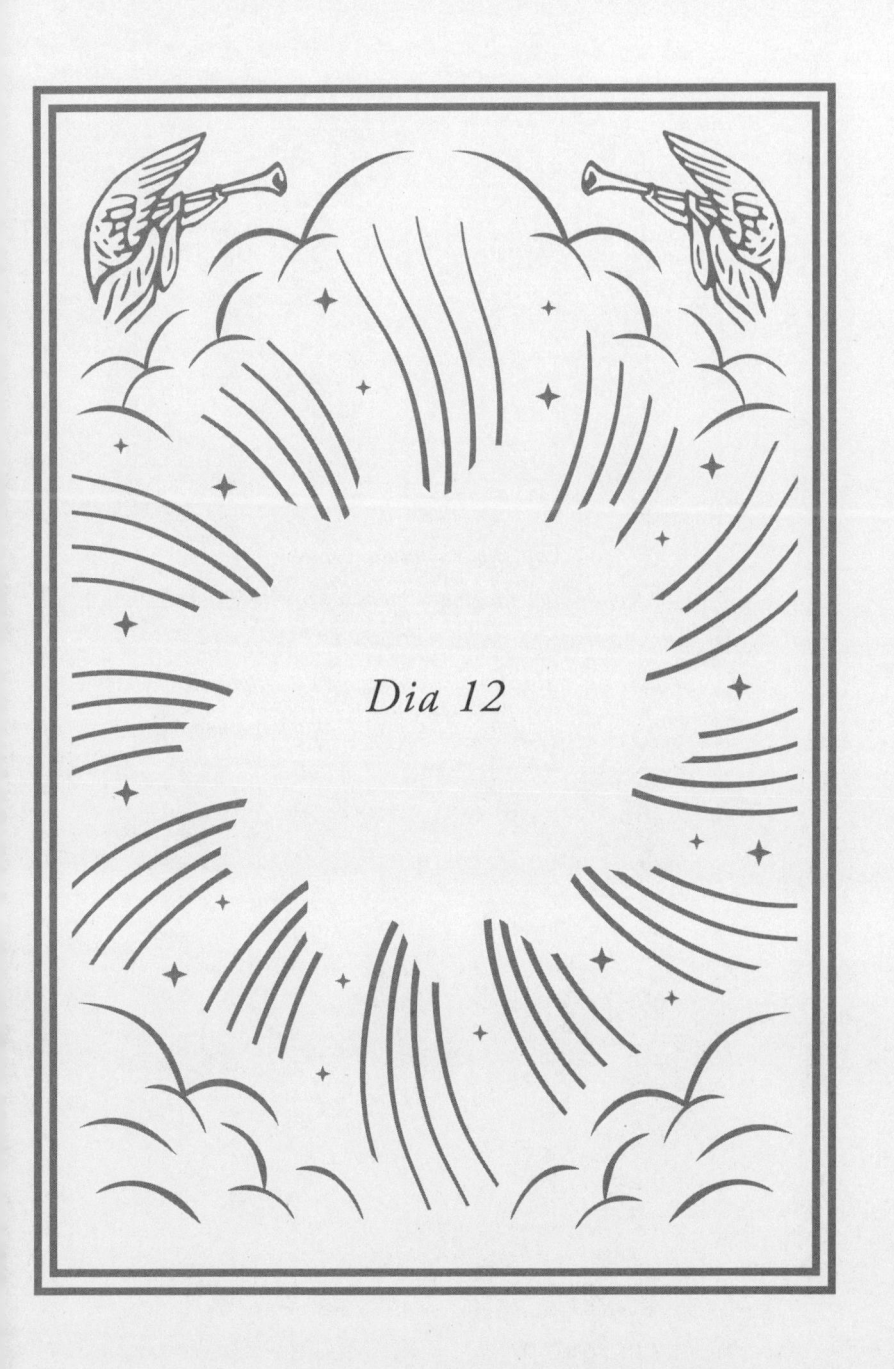

*Ora, o essencial das coisas
que temos dito é que possuímos tal sumo sacerdote,
que se assentou à destra do trono da Majestade nos
céus, como ministro do santuário e do verdadeiro
tabernáculo que o Senhor erigiu, não o homem.*

HEBREUS 8.1-2

DIA 12

Substituindo as sombras

A essência do livro de Hebreus é que Jesus Cristo, o Filho de Deus, não veio apenas para se enquadrar no sistema terreno do ministério sacerdotal como o melhor e último sacerdote humano, mas veio para cumprir e pôr fim a esse sistema e para orientar toda a nossa atenção para si mesmo, ministrando por nós primeiramente no Calvário e, depois, no céu nosso sacerdote final.

O tabernáculo, os sacerdotes e os sacrifícios do Antigo Testamento eram sombras. Agora, a realidade chegou, e as sombras passaram.

Eis aqui uma ilustração do Advento para crianças — e para aqueles de nós que já foram crianças e se lembram de como era uma criança. Suponha que você e sua mamãe se separem no mercado; e você começa a ficar assustado e em pânico e não sabe para onde ir, e corre até o fim de um corredor, e bem antes de começar a chorar, você vê uma sombra no chão, no fim do corredor, que se parece com sua mãe. Essa sombra o deixa realmente esperançoso. Mas o que é melhor? A felicidade de ver a sombra ou ter a sua mãe no final do corredor e realmente ser ela?

É assim que acontece quando Jesus vem para ser nosso Sumo Sacerdote. Isso é o Natal. O Natal é a substituição das sombras pelo que é real: a mãe chegando pelo corredor e todo alívio e alegria que isso dá a uma criancinha.[4]

---

4   *Para saber mais sobre como a vinda de Cristo substitui o Antigo Testamento, veja o apêndice.*

Dia 13

Ora, o essencial das coisas que temos dito é que possuímos tal sumo sacerdote, que se assentou à destra do trono da Majestade nos céus, como ministro do santuário e do verdadeiro tabernáculo que o Senhor erigiu, não o homem [...] os quais ministram em figura e sombra das coisas celestes, assim como foi Moisés divinamente instruído, quando estava para construir o tabernáculo; pois diz ele: Vê que faças todas as coisas de acordo com o modelo que te foi mostrado no monte.

HEBREUS 8.1-2, 5

DIA 13

A realidade final está aqui

Já vimos isso antes. Porém, há mais. O Natal é a substituição das sombras pela realidade.

Hebreus 8.1-2, 5 é um tipo de afirmação sumária. A essência é que o único sacerdote que permanece entre nós e Deus, nos torna retos diante de Deus e ora a Deus por nós não é um sacerdote comum, fraco, pecador e mortal, como nos dias do Antigo Testamento. Ele é o Filho de Deus — forte, sem pecado e com uma vida indestrutível.

Não apenas isso, ele não está ministrando em um tabernáculo terreno, com todas as suas limitações de localização e tamanho, que se está se desgastando e sendo comido pelas traças, sendo inundado, queimado, rasgado e roubado. Não, Hebreus 8.2 diz que Cristo está ministrando para nós em um "verdadeiro tabernáculo, que o Senhor erigiu, não o homem". Isso é a realidade no céu. Isso é a realidade que lançou uma sombra no Monte Sinai, a qual Moisés copiou.

De acordo com Hebreus 8.1, outro grande aspecto sobre a realidade que é maior do que a sombra é que nosso Sumo Sacerdote está sentado à destra da Majestade no céu. Nenhum sacerdote do Antigo Testamento poderia dizer isso.

DIA 13

Jesus trata diretamente com Deus, o Pai. Ele tem um lugar de honra ao lado de Deus. Ele é amado e respeitado infinitamente por Deus. Ele está constantemente com Deus. Isso não é sombra da realidade, como cortinas, taças, mesas, velas, túnicas, pendões, ovelhas, cabras e pombos. Essa é a última e decisiva realidade: Deus e seu Filho interagem em amor e santidade para a nossa salvação eterna.

A realidade final é as pessoas da Divindade em relacionamento, interagindo a respeito de como sua majestade, santidade, amor, justiça, bondade e verdade serão manifestados em um povo redimido.

Dia 14

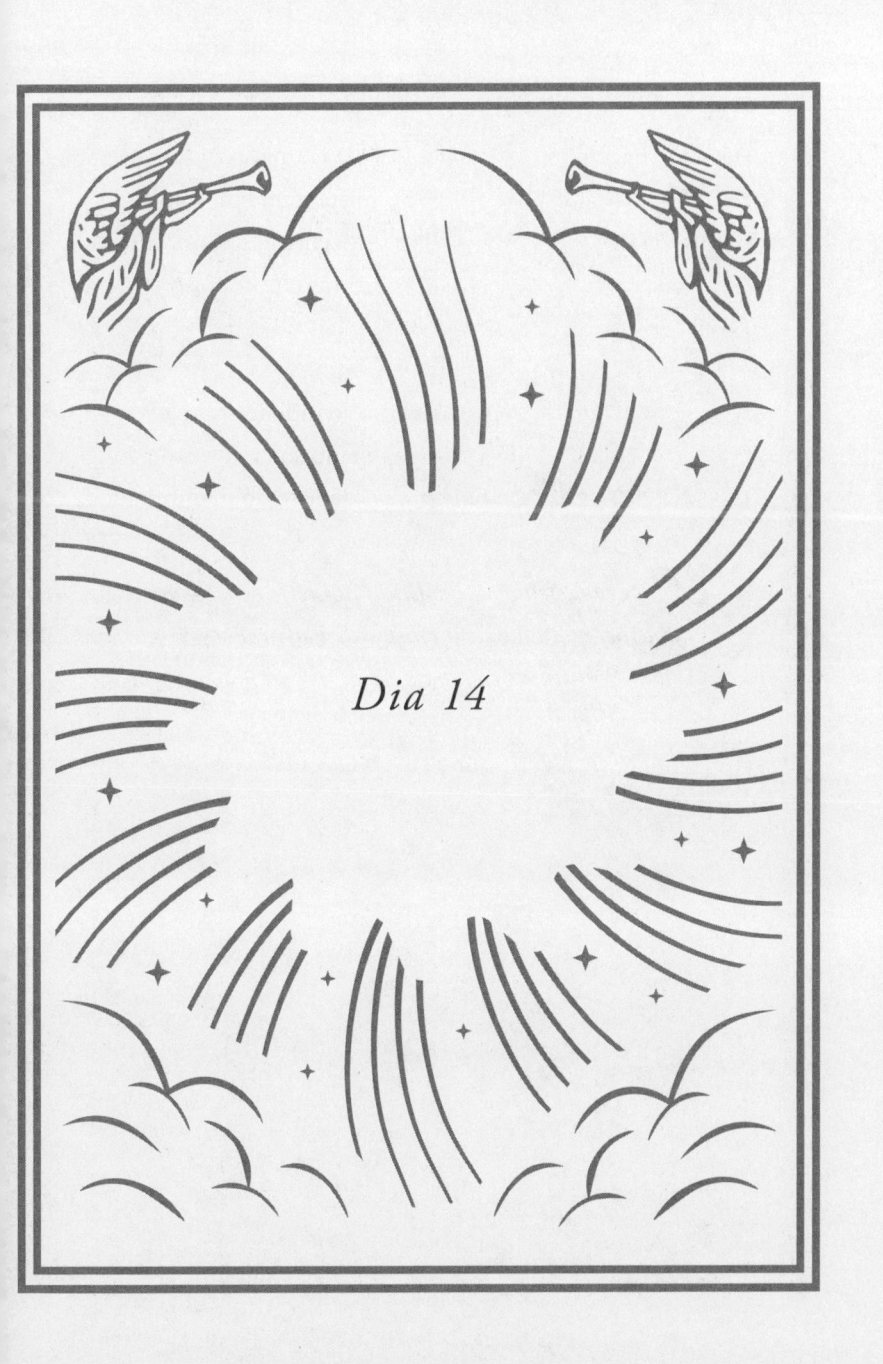

Agora, com efeito, obteve Jesus ministério tanto mais excelente, quanto é ele também Mediador de superior aliança instituída com base em superiores promessas.

HEBREUS 8.6

DIA 14

Deus torna a sua aliança real para o seu povo

Cristo é o Mediador de uma nova aliança, de acordo com Hebreus 8.6. O que isso significa? Isso significa que o seu sangue — o sangue da aliança (Lc 22.20; Hb 13.20) — comprou final e decisivamente o cumprimento das promessas de Deus para nós.

Isso significa que, de acordo com as promessas da nova aliança, Deus opera a nossa transformação interior pelo Espírito de Cristo.

E isso significa que Deus opera toda a sua transformação em nós por meio da fé — a fé em tudo o que Deus é por nós em Cristo.

A nova aliança é comprada pelo *sangue* de Cristo, aplicada pelo *Espírito* de Cristo e apropriada pela *fé* em Cristo.

O melhor lugar para ver Cristo agindo como Mediador da nova aliança está em Hebreus 13.20-21:

> Ora, o Deus da paz, que tornou a trazer dentre os mortos a Jesus, nosso Senhor, o grande Pastor das ovelhas, pelo sangue da eterna aliança, vos aperfeiçoe em todo o bem,

para cumprirdes a sua vontade, operando em vós o que é agradável diante dele, por Jesus Cristo, a quem seja a glória para todo o sempre. Amém!

As palavras "operando em vós o que é agradável diante dele" descrevem o que ocorre quando Deus escreve a lei em nossos corações, de acordo com a nova aliança. E as palavras "por Jesus Cristo" descrevem Jesus como o Mediador dessa gloriosa obra de graça soberana.

Portanto, o significado do Natal não é apenas que Deus substitui as sombras pela realidade, mas também que ele toma a realidade e a torna real para o seu povo. Deus a escreve em nossos corações. Ele não coloca seu presente de Natal de salvação e transformação debaixo da árvore, por assim dizer, para você pegá-lo em sua própria força. Ele o pega e o coloca em seu coração e em sua mente e lhe dá o selo da segurança de que você é um filho de Deus.

Dia 15

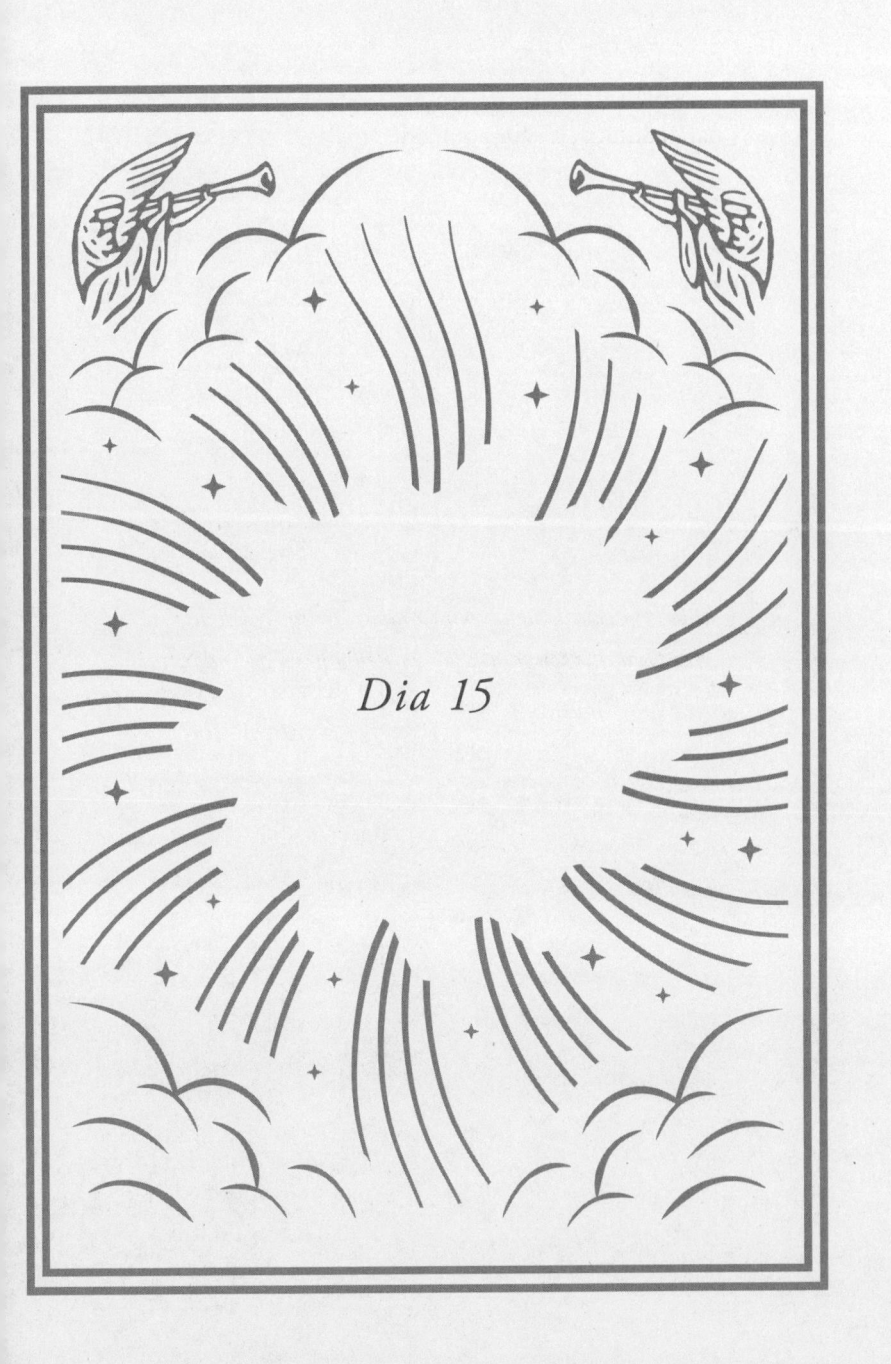

O ladrão vem somente para roubar, matar e destruir; eu vim para que tenham vida e a tenham em abundância.

JOÃO 10.10

DIA 15

Vida e morte no Natal

Quando eu estava prestes a iniciar este devocional, recebi a notícia de que Marion Newstrum acabara de morrer. Marion e seu marido, Elmer, fizeram parte de nossa igreja por mais tempo que a maioria de nossos membros tem de vida. Ela tinha 87 anos. Eles foram casados por 64 anos.

Quando falei com Elmer e lhe disse que gostaria de que ele fosse forte no Senhor e não desistisse da vida, ele disse: "O Senhor tem sido um amigo verdadeiro". Oro para que todos os cristãos possam dizer no fim da vida: "Cristo tem sido um amigo verdadeiro".

Em cada Advento, eu relembro o aniversário da morte da minha mãe. Sua vida foi interrompida aos 56 anos em um acidente de ônibus em Israel. Era 16 de dezembro de 1974. Aqueles eventos são incrivelmente reais para mim ainda hoje. Se eu me permitir, posso facilmente começar a chorar — por exemplo, pensando que meus filhos nunca a conheceram. Nós a enterramos no dia seguinte ao Natal. Que Natal precioso foi aquele!

Muitos de vocês sentirão a sua perda neste Natal mais intensamente do que antes. Não impeça o sentimento. Permita que ele venha. Sinta-o. O que é amar, se não intensificar as nossas afeições — tanto na vida quanto na morte? Mas, oh, não fique amargurado. Ser amargurado é tragicamente autodestrutivo.

Jesus veio no Natal para que nós tenhamos a vida eterna. "Eu vim para que tenham vida, e a tenham em abundância" (Jo 10.10). Elmer e Marion haviam conversado sobre onde passariam os seus últimos anos. Elmer disse: "Marion e eu concordamos que nosso último lar seria estar com o Senhor".

Você anseia por chegar ao lar? Eu tenho parentes vindo à nossa casa para os feriados. Isso é bom. Eu acho que o motivo principal por que isso é bom é que eles e eu somos destinados, no íntimo do nosso ser, a uma volta final para o lar. Todas as outras voltas ao lar são apenas uma prelibação. E prelibações são boas.

A não ser que elas se tornem substitutos. Oh! não permita que todas as coisas doces desta época do ano se tornem substitutos da doçura final, grandiosa e totalmente satisfatória. Permita Deixe que cada perda e cada prazer levem seu coração a um desejo pelo lar no céu.

Natal. O que é, senão isto: *Eu vim para que tenham vida?* Marion Newstrum, Ruth Piper, você e eu — que possamos ter a vida, agora e para sempre.

Torne o seu *agora* mais rico e mais profundo neste Natal, por beber na fonte do *Para Sempre*. Ela está muito perto.

Dia 16

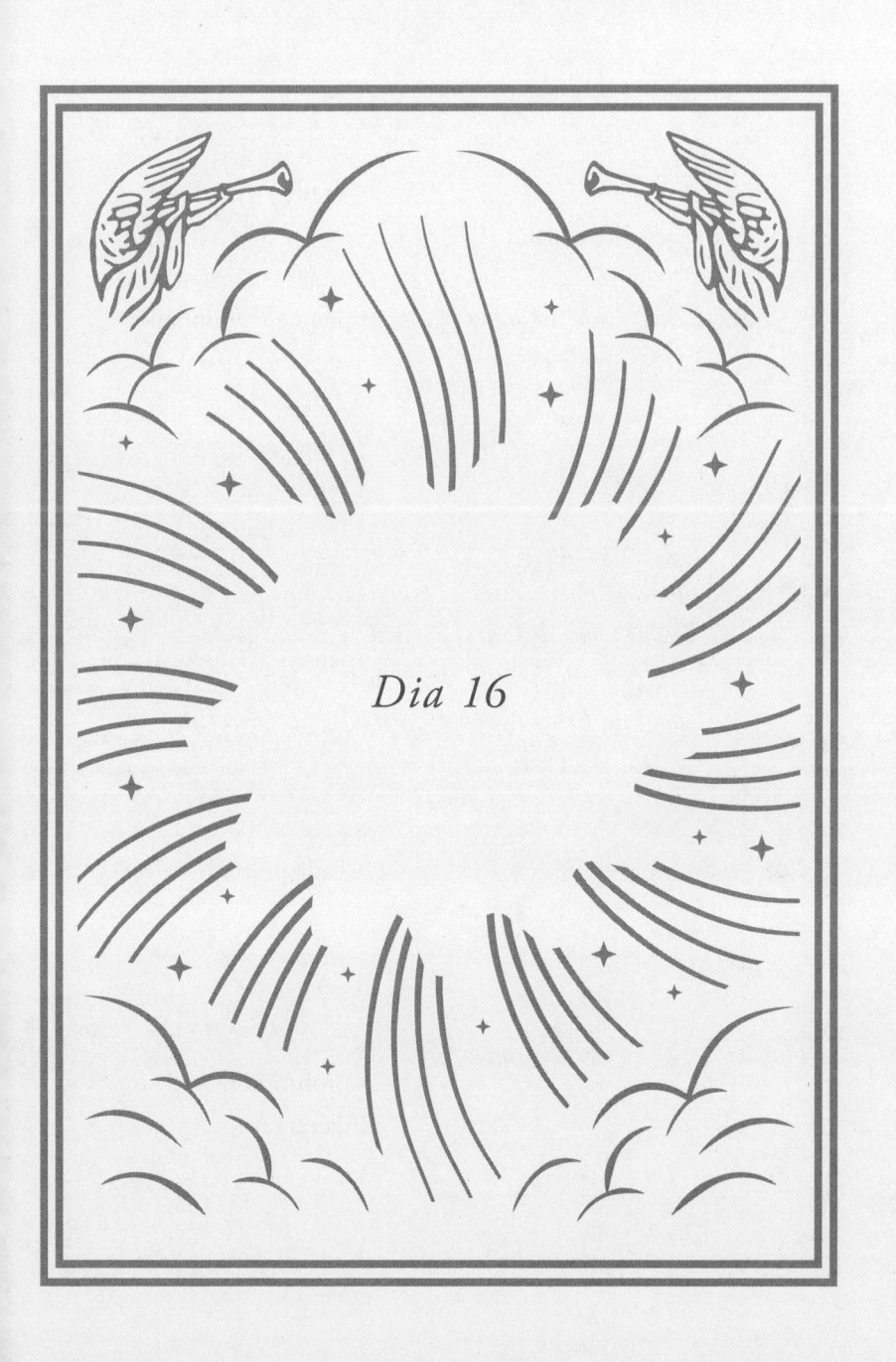

*Pelo que também Deus o exaltou sobremaneira
e lhe deu o nome que está acima de todo nome, para
que ao nome de Jesus se dobre todo joelho, nos céus,
na terra e debaixo da terra, e toda língua confesse
que Jesus Cristo é Senhor, para glória de Deus Pai.*

FILIPENSES 2.9-11

DIA 16

A adversidade mais bem-sucedida de Deus

O Natal marcou o começo da adversidade mais bem-sucedida de Deus. Ele sempre se deleitou em mostrar o seu poder através da aparente derrota. Ele faz retiradas táticas para obter vitórias estratégicas.

No Antigo Testamento, José, um dos doze filhos de Jacó, teve a promessa de glória e poder, em seu sonho (Gn 37.5-11). Mas, para alcançar essa vitória, ele precisou se tornar um escravo no Egito. E, como isso não bastasse, quando suas condições melhoraram, por causa da sua integridade, ele foi feito pior do que um escravo: um prisioneiro.

Porém, tudo estava planejado — planejado por Deus para o bem de José, o bem de sua família e, posteriormente, o bem do mundo inteiro! Pois, na prisão, José conheceu o copeiro de Faraó, que, por fim, o levou a Faraó, que o colocou sobre o Egito. E, finalmente, o sonho de José se tornou realidade. Seus irmãos se curvaram diante dele, e ele os salvou da fome. Que percurso mais improvável para a glória!

Mas esse é o caminho de Deus — mesmo para o seu Filho. Ele se esvaziou a si mesmo e assumiu a forma de um servo.

Pior do que um servo — um prisioneiro — e foi executado. Mas, como José, ele manteve a sua integridade. "Pelo que também Deus o exaltou sobremaneira e lhe deu o nome que está acima de todo nome, para que ao nome de Jesus se dobre todo joelho" (Fp 2.9-10).

E esse é o caminho de Deus para nós também. Temos a promessa da glória — *se* com ele sofrermos, como diz Romanos 8.17. O caminho para subir é descer. O caminho para frente é para trás. O caminho para o sucesso é através de adversidades designadas por Deus. Estas sempre serão vistas e sentidas como fracassos.

Mas, se José e Jesus nos ensinam algo neste Natal, é isto: o que Satanás e homens pecadores intencionaram para o mal, "Deus o tornou em bem" (Gn 50.20).

> Vós, santos temerosos, tomai renovada coragem
>   As nuvens que vos causam tanto temor
> Estão cheias de misericórdia e romperão
>   Em bênçãos sobre a vossa cabeça.[5]

---

5 William Cowper, "God Moves in a Mysterious Way", 1773.

Dia 17

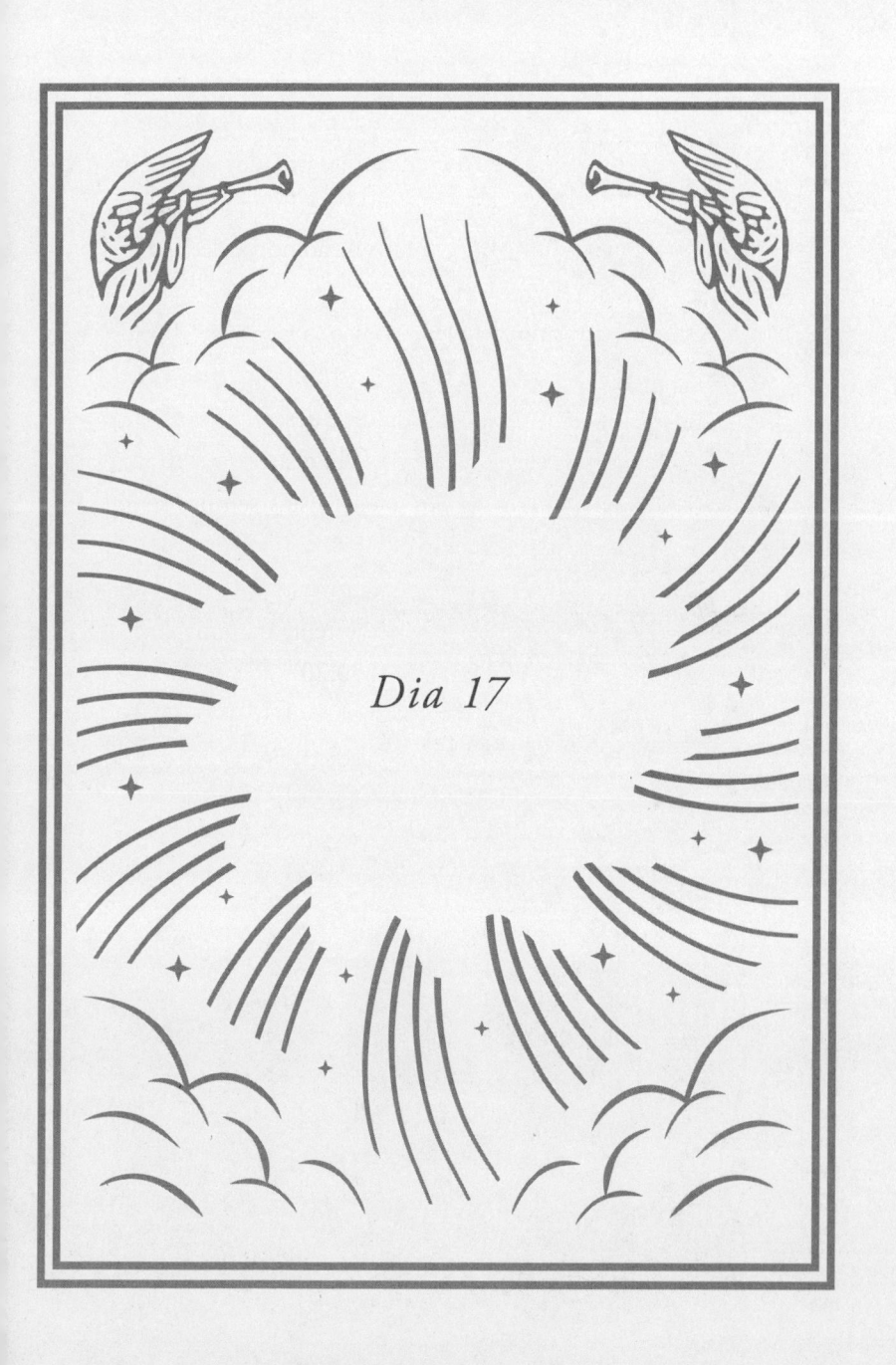

Eis aí vêm dias, diz o SENHOR, em que firmarei nova aliança com a casa de Israel e com a casa de Judá.

JEREMIAS 31.31

DIA 17

A maior salvação imaginável

Deus é justo, santo e separado de pecadores como nós. Este é o nosso principal problema no Natal e em qualquer outra época. Como seremos reconciliados com um Deus justo e santo?

Contudo, Deus é misericordioso e prometeu em Jeremias 31 (quinhentos anos antes de Cristo) que um dia ele faria algo novo. Ele substituiria as sombras pela realidade do Messias. E ele agiria em nossas vidas de modo poderoso e escreveria a sua vontade em nossos corações, de modo que não seríamos constrangidos a partir do exterior, mas seríamos dispostos, desde o interior, a amar a Deus, confiar nele e segui-lo.

Essa seria a maior salvação imaginável: se Deus nos oferecesse o gozo da maior realidade do universo e, então, operasse em nós para que conhecêssemos essa realidade, de uma maneira que pudéssemos desfrutá-la com a maior liberdade e a maior alegria possíveis. Esse seria um presente de Natal digno de ser cantado.

Isso é, de fato, o que ele prometeu na nova aliança. Mas havia um enorme obstáculo. Nosso pecado. Nossa separação de Deus por causa de nossa injustiça.

Como um Deus santo e justo lidará conosco, pecadores, com tanta bondade, que nos dará a maior realidade do universo (seu Filho) para desfrutarmos com a maior alegria possível?

A resposta é que Deus colocou nossos pecados sobre o seu Filho, e os julgou nele, para que pudesse retirá-los de sua mente, lidar conosco com misericórdia e, ao mesmo tempo, permanecer justo e santo. Hebreus 9.28 diz que Cristo foi oferecido "uma vez para sempre para tirar os pecados de muitos".

Cristo levou nossos pecados em seu próprio corpo quando morreu (1Pe 2.24). Ele tomou o nosso julgamento (Rm 8.3). Ele cancelou a nossa culpa (Rm 8.1). E isso significa que nossos pecados foram tirados (At 10.43). Eles não permanecem na mente de Deus como base para condenação. Nesse sentido, Deus se "esquece" dos pecados. Eles são consumidos na morte de Cristo.

Isso significa que Deus agora é livre, em sua justiça, para nos conceder todas as promessas indizivelmente grandes da nova aliança. Ele nos dá Cristo, a maior realidade do universo, para o nosso gozo. E ele escreve sua própria vontade — seu próprio coração — em nossos corações, para que possamos amar a Cristo, confiar em Cristo e seguir Cristo desde o interior, com liberdade e alegria.

Dia 18

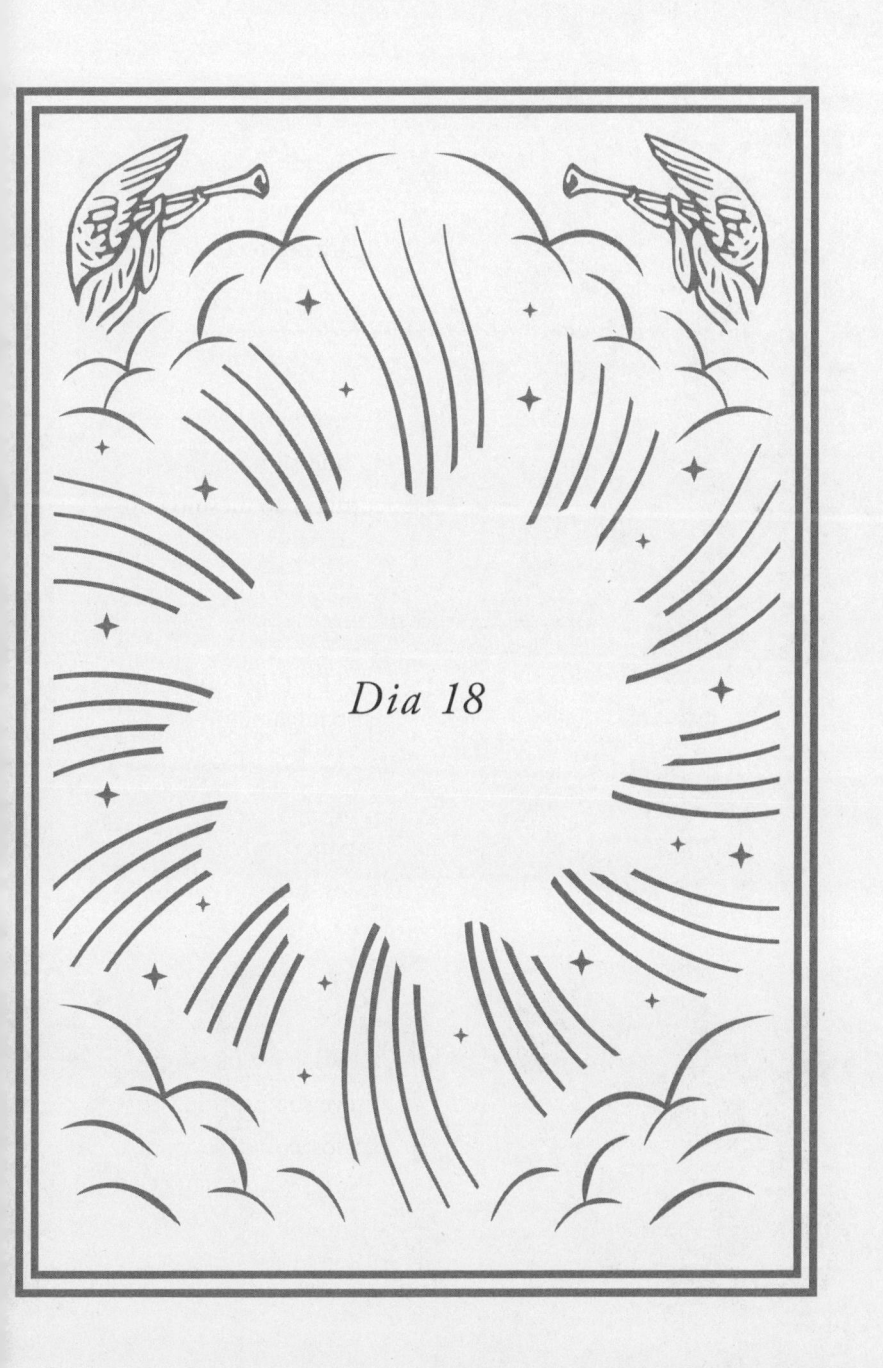

*Assim como tu me enviaste ao mundo,
também eu os enviei ao mundo.*

JOÃO 17.18

DIA 18

O modelo do Natal para missões

O Natal é um modelo para missões. Missões é um espelho do Natal. Como foi comigo, também é com você. Por exemplo, o perigo. Cristo veio para os seus, e os seus não o receberam. Assim é com você. Conspiraram contra ele. Assim é com você. Ele não teve lar permanente. Assim é com você. Levantaram falsas acusações contra ele. Assim é com você. Chicotearam-no e zombaram dele. Assim é com você. Ele morreu após três anos de ministério. Assim é com você.

Mas há um perigo pior do que qualquer um desses, do qual Jesus *escapou*. Assim é com você!

Em meados do século XVI, o missionário católico Francisco Xavier (1506–1552) escreveu para o padre Perez de Malaca (hoje parte da Malásia) sobre os perigos de sua missão na China. Ele disse: "O maior de todos os perigos seria perder a confiança e a convicção da misericórdia de Deus… Perder a confiança nele seria muito mais terrível que qualquer mal físico que todos os inimigos de Deus juntos pudessem nos infligir, pois sem a permissão de Deus nem os demônios nem seus ministros humanos poderiam nos impedir no menor grau".[6]

O maior perigo que um missionário enfrenta não é a morte, é desconfiar da misericórdia de Deus. Se esse perigo for evitado, então, todos os outros perigos perderão seu aguilhão.

No final, Deus transforma toda adaga em um cetro em nossa mão. Como J. W. Alexander diz: "Cada instante do atual labor será graciosamente recompensado com um milhão de eras de glória".[7]

Cristo escapou deste perigo — o perigo da falta de confiança em Deus. Por isso, Deus o exaltou sobremaneira!

Lembre-se, neste Advento, que o Natal é um modelo para missões. *Como eu, vós também.* E que missões significa perigo. E que o maior perigo é desconfiar da misericórdia de Deus. Renda-se a essa desconfiança, e tudo estará perdido. Vença nisso, e nada poderá prejudicá-lo por um milhão de eras.

---

6 De "Uma Carta ao Padre Perez", em *Classics of Christian Missions*, ed. Francis M. DuBose (Nashville, TN: Broadman Press, 1979), 221f.

7 J. W. Alexander, *Thoughts on Preaching: Classic Contributions to Homiletics* (Edinburgh: Banner of Truth, 1975), 108.

Dia 19

Visto, pois, que os filhos têm participação comum de carne e sangue, destes também ele, igualmente, participou, para que, por sua morte, destruísse aquele que tem o poder da morte, a saber, o diabo, e livrasse todos que, pelo pavor da morte, estavam sujeitos à escravidão por toda a vida.

HEBREUS 2.14-15

DIA 19

O Natal existe para a liberdade

Jesus se tornou homem porque o que era necessário era a morte de um homem que fosse mais do que um homem. A encarnação foi Deus prendendo a si mesmo no corredor da morte.

Cristo não se arriscou na morte. Ele escolheu a morte. Foi precisamente para isso que ele veio: "Não veio para ser servido, mas para servir e dar a sua vida em resgate por muitos" (Mc 10.45).

Não é de admirar que Satanás tenha tentado desviar Jesus da cruz — no deserto (Mt 4.1-11) e na boca de Pedro (Mt 16.21-23)! A cruz era a destruição de Satanás. Como Jesus o destruiu?

Hebreus 2.14 diz que Satanás tem o "poder da morte". Isso significa que ele tem a habilidade de tornar a morte apavorante. O "poder da morte" é o poder que mantém os homens em escravidão pelo pavor da morte. É o poder de manter os homens no pecado, para que a morte venha como uma coisa terrível.

Mas Jesus despojou Satanás de seu poder. Ele o desarmou. Ele moldou uma couraça de justiça para nós que nos torna imunes à condenação do diabo. Como ele fez isso?

Por meio de sua morte, Jesus removeu todos os nossos pecados. E uma pessoa sem pecado não pode ser condenada por Satanás. Perdoados, somos finalmente indestrutíveis. O plano de Satanás era destruir o governo de Deus, por condenar os seus seguidores no próprio tribunal de Deus. Mas, agora, em Cristo, não há nenhuma condenação. A traição de Satanás é abortada. Sua traição cósmica é frustrada. "Já condenado está; vencido cairá."[8] A cruz o traspassou. E ele dará seus últimos suspiros.

O Natal existe para a liberdade — liberdade do pavor da morte.

Jesus assumiu a nossa natureza em Belém, para morrer a nossa morte em Jerusalém, para que pudéssemos ser destemidos em nossa cidade hoje. Sim, destemidos, porque, se a maior ameaça à nossa alegria já se foi, então, por que deveríamos nos inquietar com ameaças menores? Como podemos dizer (realmente!): "Bem, eu não tenho medo de morrer, mas tenho medo de perder meu emprego"? Não. Não. Pense!

Se a morte (eu disse morte! — sem pulso, frio, morto!) não é mais um medo, somos livres, realmente livres. Somos livres para assumir qualquer risco debaixo do sol por Cristo e por amor. Sem mais escravidão à ansiedade.

Se o Filho o libertou, você será livre, realmente!

8 Martinho Lutero, "Castelo Forte", 1527–1529.

Dia 20

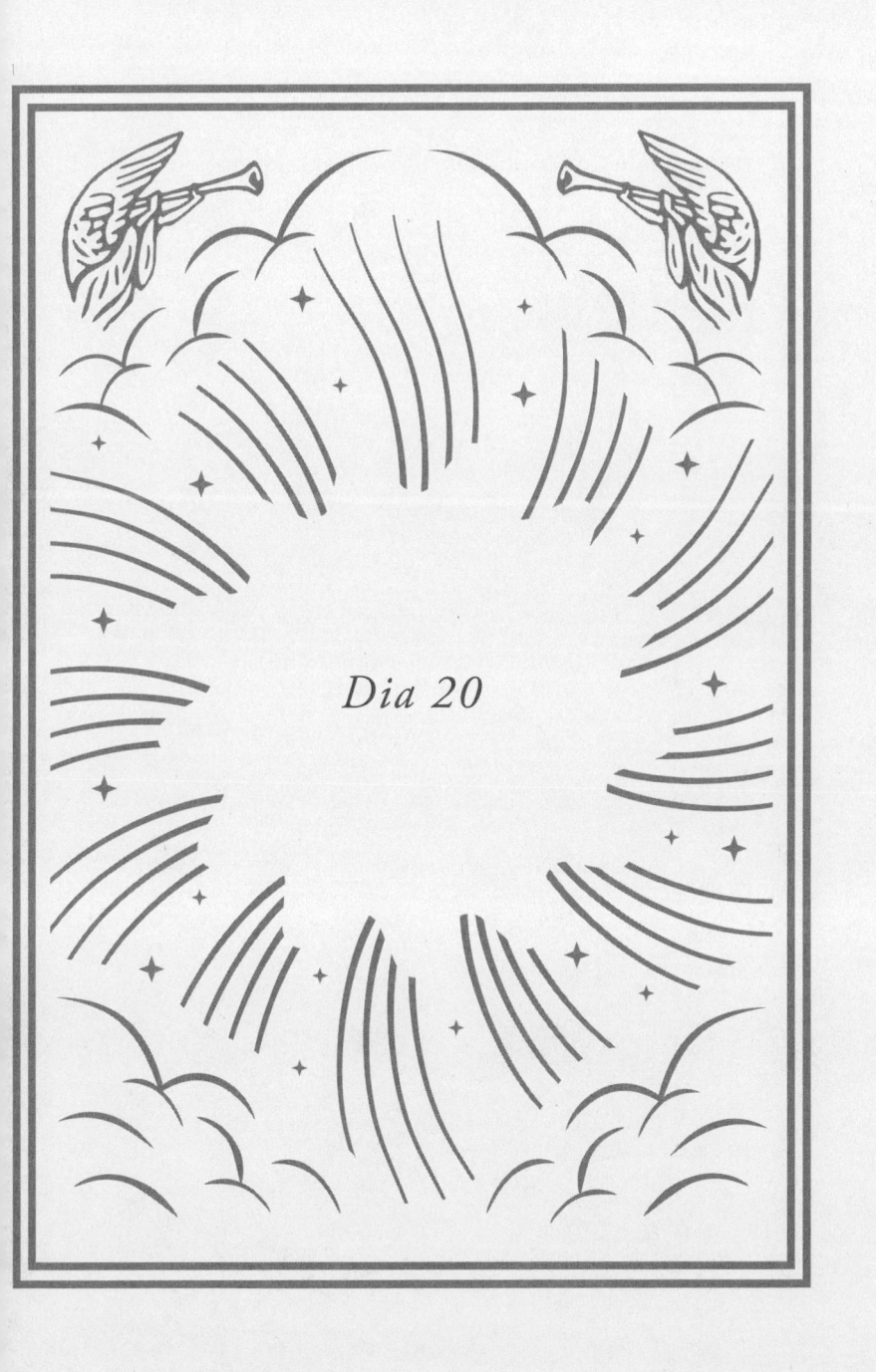

Para isto se manifestou o Filho de Deus:
para destruir as obras do diabo.

1 JOÃO 3.8

DIA 20

Greve de Natal

A linha de montagem de Satanás produz milhões de pecados todos os dias. Ele os coloca em enormes aviões de carga, leva-os para o céu e os espalha diante de Deus e ri, ri e ri.

Algumas pessoas trabalham em tempo integral na linha de montagem. Outras pediram demissão de seu trabalho e voltam apenas de vez em quando.

Cada minuto de trabalho na linha de montagem faz de Deus o objeto de riso de Satanás. O pecado é o negócio de Satanás, porque ele odeia a luz, a beleza, a pureza e a glória de Deus. Nada lhe agrada mais do que quando criaturas desconfiam de seu Criador e lhe desobedecem.

Portanto, o Natal é boas-novas para o homem e boas-novas para Deus.

"Fiel é a palavra e digna de toda aceitação: que Cristo Jesus veio ao mundo para salvar os pecadores" (1Tm 1.15). Isso é boas-novas para nós.

"Para isto se manifestou o Filho de Deus: para destruir as obras do diabo" (1Jo 3.8). Isso é boas-novas para Deus.

DIA 20

O Natal é boas-novas para Deus porque Jesus veio para liderar uma greve na fábrica de Satanás. Ele caminhou direto para a fábrica, convocou a greve dos fiéis e iniciou uma grande paralisação dos trabalhadores.

O Natal é um chamado para fazermos greve na linha de montagem do pecado. Nenhuma negociação com a chefia. Nenhuma barganha. Apenas oposição resoluta e firme ao produto. Não seremos parte de sua montagem, nunca mais.

A greve de Natal visa manter os aviões de carga no chão. Não usará a força ou a violência, mas, com devoção inflexível à verdade, exporá as condições destruidoras da vida da indústria do diabo.

A greve de Natal não desistirá até que uma paralisação completa seja alcançada.

Quando o pecado for destruído, o nome de Deus será totalmente vindicado. Ninguém mais zombará dele.

Se você deseja dar um presente a Deus neste Natal, saia da linha de montagem do pecado e nunca mais volte. Tome seu lugar na linha de piquete do amor. Junte-se à greve de Natal até que o nome majestoso de Deus seja enaltecido, e ele permaneça glorioso em meio aos louvores dos justos.

Dia 21

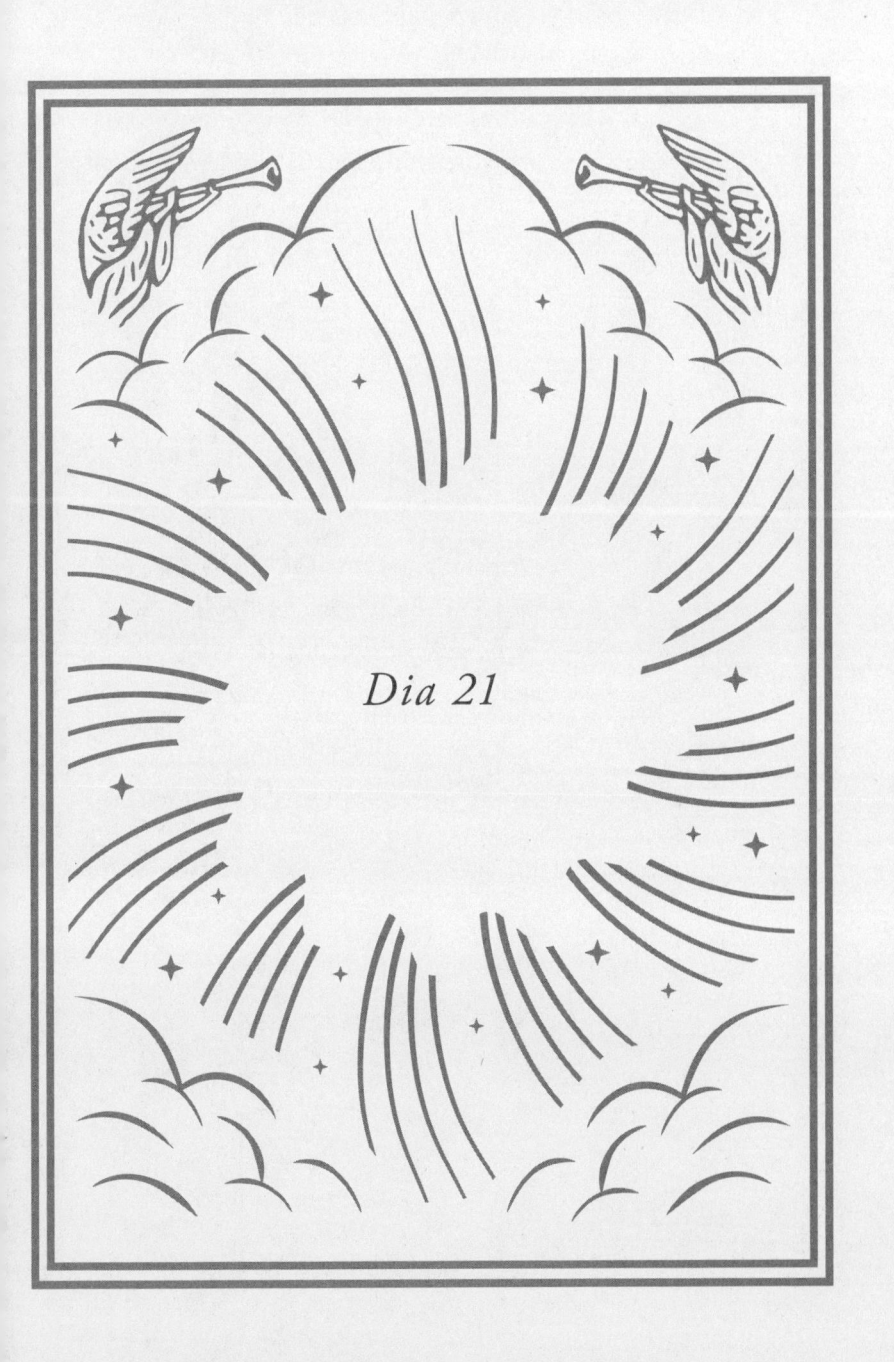

Então, lhe disse Pilatos: "Logo, tu és rei?" Respondeu Jesus: "Tu dizes que sou rei. Eu para isso nasci e para isso vim ao mundo, a fim de dar testemunho da verdade. Todo aquele que é da verdade ouve a minha voz."

JOÃO 18.37

DIA 21

O nascimento do Ancião de Dias

João 18.37 é um grande texto de Natal, embora relate o final da vida de Jesus na terra e não o início.

Observe que Jesus disse não somente que nasceu, mas também que veio "ao mundo". A singularidade do nascimento de Jesus é que ele não teve sua origem no seu nascimento. Ele existia antes de nascer numa manjedoura. A pessoa, o caráter e a personalidade de Jesus de Nazaré existiam antes que o homem Jesus de Nazaré nascesse.

A palavra teológica para descrever este mistério não é *criação*, mas *encarnação*. A pessoa — não o corpo, mas a personalidade essencial de Jesus — existia antes de ele nascer como homem. Seu nascimento não foi um surgimento de uma nova pessoa, mas uma vinda ao mundo de uma pessoa infinitamente antiga. Miquéias 5.2 expressa essa verdade 700 anos antes de Jesus nascer:

> E tu, Belém-Efrata, pequena demais para figurar como grupo de milhares de Judá, de ti me sairá o que há de

reinar em Israel, e cujas origens são desde os tempos antigos, desde os dias da eternidade.

O mistério do nascimento de Jesus não é simplesmente que ele nasceu de uma virgem. Esse milagre foi intencionado por Deus para dar testemunho de um milagre ainda maior: o menino nascido no Natal era uma pessoa que existia "desde os tempos antigos, desde os dias da eternidade".

E, portanto, seu nascimento foi intencional. Antes de nascer, ele pensou em ser nascido. Houve um plano estabelecido com o seu Pai. E ele comunicou parte desse grande plano nas últimas horas de sua vida na terra: "Eu para isso nasci e para isso vim ao mundo, a fim de dar testemunho da verdade. Todo aquele que é da verdade ouve a minha voz" (Jo 18.37).

Ele era a verdade eterna. Ele falou somente a verdade. Ele viveu a maior verdade de amor. E está reunindo em sua família eterna todos aqueles que são nascidos da verdade. Esse era o plano desde os dias da eternidade.

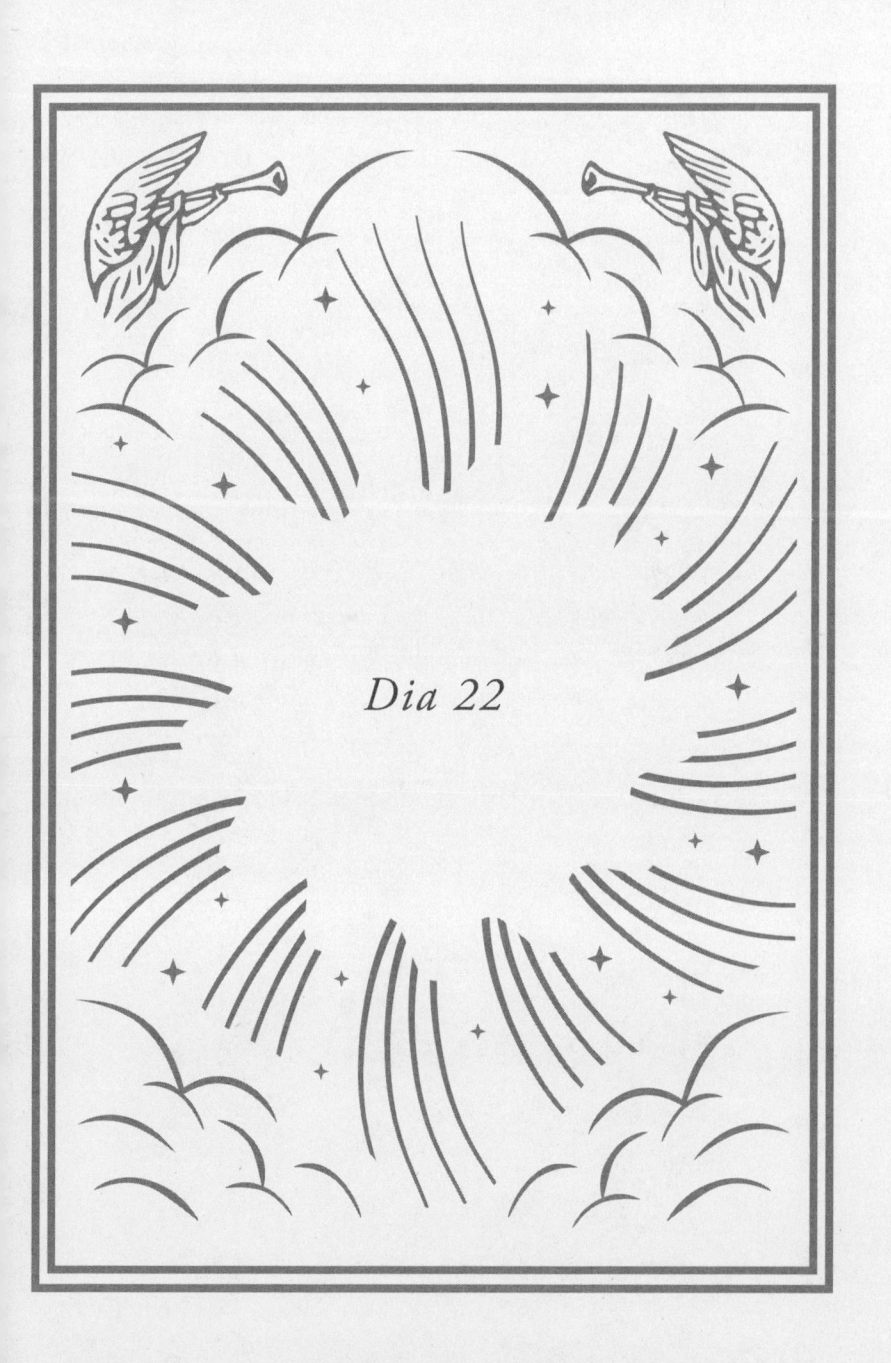

Dia 22

Na verdade, fez Jesus diante dos discípulos muitos outros sinais que não estão escritos neste livro. Estes, porém, foram registrados para que creiais que Jesus é o Cristo, o Filho de Deus, e para que, crendo, tenhais vida em seu nome.

JOÃO 20.30-31

DIA 22

Para que você creia

Sinto, muito intensamente, que aqueles entre nós que cresceram na igreja, que podem recitar as grandes doutrinas de nossa fé durante o sono e que bocejam em meio ao Credo dos Apóstolos — entre nós, algo deve ser feito para nos ajudar a sentir novamente a reverência, o temor, o assombro, a maravilha do Filho de Deus, gerado pelo Pai desde toda a eternidade, refletindo toda a glória de Deus, sendo a exata imagem da sua pessoa, por quem todas as coisas foram criadas, sustentando o universo pela palavra de seu poder.

Você pode ler cada conto de fadas que já foi escrito, cada livro de suspense, cada história de fantasma e nunca encontrará nada tão chocante, incomum, misterioso e fascinante como a história da encarnação do Filho de Deus.

Quão mortos estamos! Quão indiferentes e insensíveis à sua glória e à sua história! Quantas vezes precisei me arrepender e dizer: "Deus, eu lamento o fato de que as histórias que os homens têm inventado comovam mais as minhas emoções, o meu temor, a minha admiração e minha alegria do que a tua própria história real".

DIA 22

Talvez os filmes espaciais de nossos dias possam fazer pelo menos este bem por nós: podem nos humilhar e nos levar ao arrependimento, por nos mostrarem que somos realmente capazes de sentir alguma admiração, temor e reverência que raramente sentimos quando contemplamos o Deus eterno e a glória cósmica de Cristo e um verdadeiro e vívido contato entre eles e nós em Jesus de Nazaré.

Quando Jesus disse, "Para isso vim ao mundo", ele disse algo tão fora do normal, incomum, inusitado e misterioso quanto qualquer afirmação de ficção científica que você leu (Jo 18.37).

Oh! como eu oro por um derramamento do Espírito de Deus sobre mim e sobre você; oro que o Espírito Santo penetre em minha experiência de uma maneira que cause temor, a fim de me despertar para a inimaginável realidade de Deus.

Qualquer dia desses, um relâmpago encherá o céu desde o nascente do sol até ao seu poente; e aparecerá nas nuvens o Filho do Homem, com seus anjos poderosos, em chama de fogo. E nós o veremos claramente. E, quer seja de terror, quer de pura empolgação, tremeremos e nos maravilharemos de como vivemos por tanto tempo com um Cristo tão manso e inofensivo.

Estas coisas foram escritas — toda a Bíblia foi escrita — para que nós creiamos, para que fiquemos chocados e sejamos despertados para a maravilha: que Jesus Cristo é o Filho de Deus que veio ao mundo.

Dia 23

*Porque, se nós, quando inimigos, fomos reconciliados
com Deus mediante a morte do seu Filho, muito mais,
estando já reconciliados, seremos salvos pela sua vida;
e não apenas isto, mas também nos gloriamos em
Deus por nosso Senhor Jesus Cristo, por intermédio
de quem recebemos, agora, a reconciliação.*

ROMANOS 5.10-11

DIA 23

O presente indescritível de Deus

Como recebemos de maneira prática a reconciliação e exultamos em Deus? Uma resposta é: fazemos isso por meio de Jesus Cristo. E isso significa, pelo menos, que fazemos o retrato de Jesus na Bíblia — ou seja, a obra e as palavras de Jesus descritos no Novo Testamento — o conteúdo essencial de nossa exultação em Deus. Exultação em Deus sem o conteúdo de Cristo não honra a Cristo. E, onde Cristo não é honrado, Deus não é honrado.

Em 2 Coríntios 4.4-6, Paulo descreve a conversão de duas maneiras. No versículo 4, ele diz que a conversão é ver "a glória de Cristo, o qual é a imagem de Deus". E no versículo 6, ele diz que a conversão é ver "a glória de Deus, na face de Cristo". Em ambos os casos você percebe o ensino. Nós temos Cristo, a imagem de Deus, e temos Deus na face de Cristo.

Para exultar em Deus, exultamos no que vemos e sabemos de Deus no retrato de Jesus Cristo. E isso chega à sua experiência plena quando o amor de Deus é derramado em nossos corações pelo Espírito Santo, como Romanos 5.5 diz. E essa doce experiência do amor de Deus, dada pelo

Espírito, é mediada a nós quando ponderamos a realidade histórica do versículo 6: "Porque Cristo, quando nós ainda éramos fracos, morreu a seu tempo pelos ímpios".

Então, aqui está o sentido do Natal. Não somente Deus comprou a nossa reconciliação pela morte do Senhor Jesus Cristo (Rm 5.10), não somente Deus nos capacitou a receber essa reconciliação por meio do Senhor Jesus Cristo, mas também, agora mesmo, nós exultamos em Deus mesmo, por meio de nosso Senhor Jesus Cristo (Rm 5.11).

Jesus comprou a nossa reconciliação. Jesus nos capacitou a recebermos a reconciliação e abrirmos o presente. E o próprio Jesus resplandece como o presente indescritível — Deus na carne — e fomenta toda a nossa exultação em Deus.

Olhe para Jesus neste Natal. Receba a reconciliação que ele comprou. Não coloque o presente na prateleira, sem abri-lo. E, quando abri-lo, lembre-se de Deus mesmo como o presente da reconciliação com Deus.

Exulte nele. Experimente-o como o seu prazer. Conheça-o como o seu tesouro.

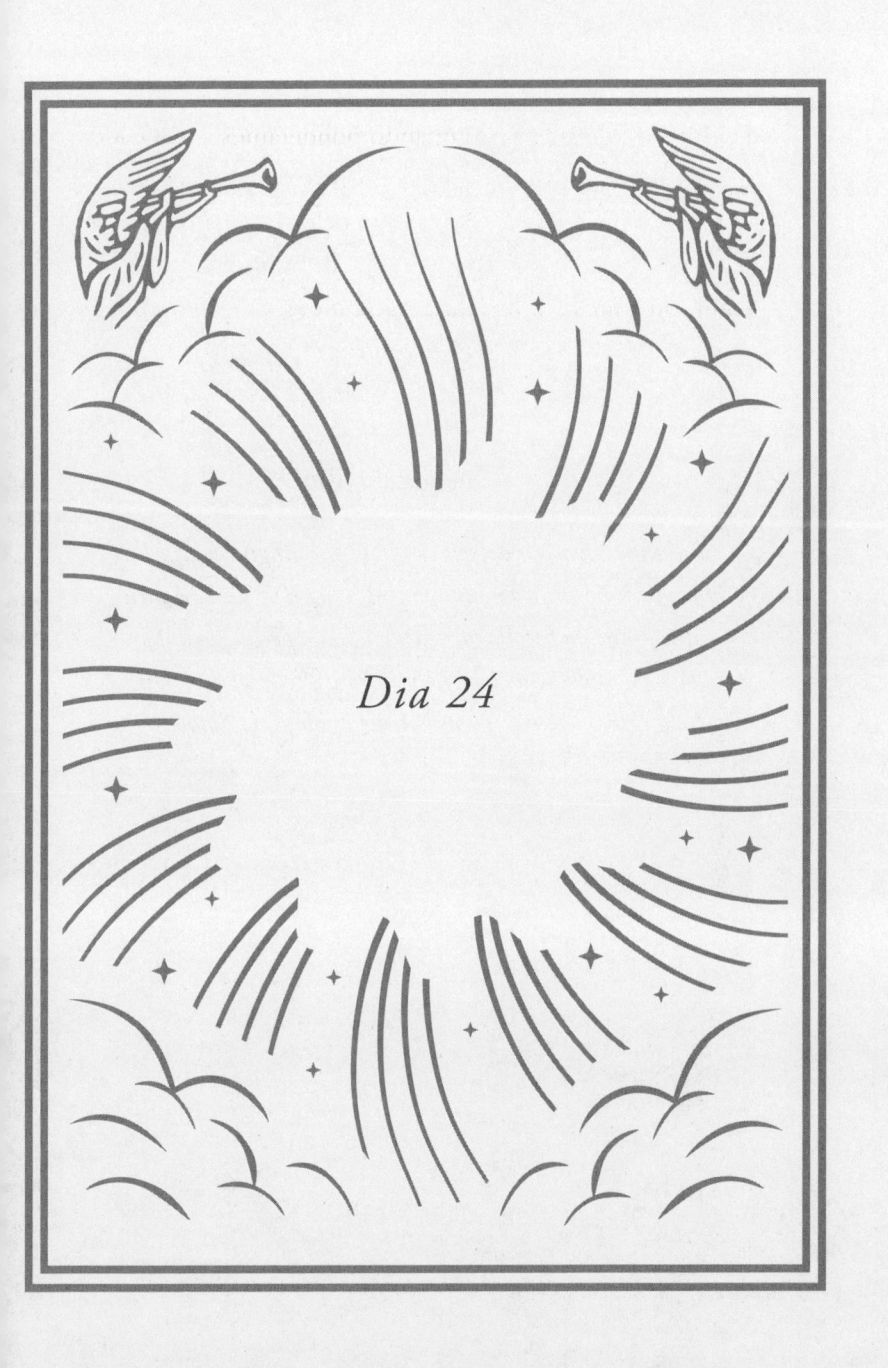

Dia 24

Filhinhos, não vos deixeis enganar por ninguém; aquele que pratica a justiça é justo, assim como ele é justo. Aquele que pratica o pecado procede do diabo, porque o diabo vive pecando desde o princípio. Para isto se manifestou o Filho de Deus: para destruir as obras do diabo.

I JOÃO 3.7-8

DIA 24

O Filho de Deus se manifestou

Quando 1 João 3.8 diz: "Para isto se manifestou o Filho de Deus: para destruir as obras do diabo," quais são as "obras do diabo" que ele tem em mente? A resposta está clara no contexto.

Primeiramente, há uma afirmação semelhante em 1 João 3.5: "Sabeis também que ele se manifestou para tirar os pecados". A frase *ele se manifestou para* ocorre no versículo 5 e no versículo 8. Então, muito provavelmente as "obras do diabo" que Jesus veio destruir são os pecados. A primeira parte do versículo 8 deixa isso certo: "Aquele que pratica o *pecado* procede do diabo, porque o diabo vive pecando desde o princípio".

A questão neste contexto é *pecar*, não doença, ou carros quebrados, ou agendas bagunçadas. Jesus veio ao mundo para nos capacitar a parar de pecar.

Vemos isso com mais clareza se colocarmos esta verdade ao lado da verdade de 1 João 2.1: "Filhinhos meus, estas coisas vos escrevo *para que não pequeis*". Este é um dos grandes propósitos do Natal — um dos grandes propósitos da encarnação (1Jo 3.8).

Mas há outro propósito que ele acrescenta em 1 João 2.1-2: "Se, todavia, alguém pecar, temos Advogado junto ao Pai, Jesus Cristo, o Justo; e ele é a propiciação pelos nossos pecados e não somente pelos nossos próprios, mas ainda pelos do mundo inteiro".

Agora veja o que isto significa: significa que Jesus apareceu no mundo por duas razões. Ele veio para que pudéssemos não continuar pecando — ou seja, ele veio destruir as obras do diabo (1Jo 3.8); e veio para que houvesse uma propiciação pelos nossos pecados. Ele veio para ser um sacrifício substitutivo que remove a ira de Deus por nossos pecados.

O resultado desse segundo propósito não é a anulação do primeiro propósito. Perdão não é dado a fim de permitir o pecado. O alvo da morte de Cristo por nossos pecados não é que relaxemos a nossa batalha contra o pecado. Em vez disso, o resultado desses dois propósitos do Natal é que o pagamento feito uma única vez por todos os nossos pecados se torna a liberdade e o poder que nos capacitam a lutar contra o pecado não como legalistas, merecendo a nossa salvação, e não temerosos de perder a nossa salvação, mas como vitoriosos que se lançam à batalha contra o pecado com confiança e alegria, ainda que isso custe a nossa vida.

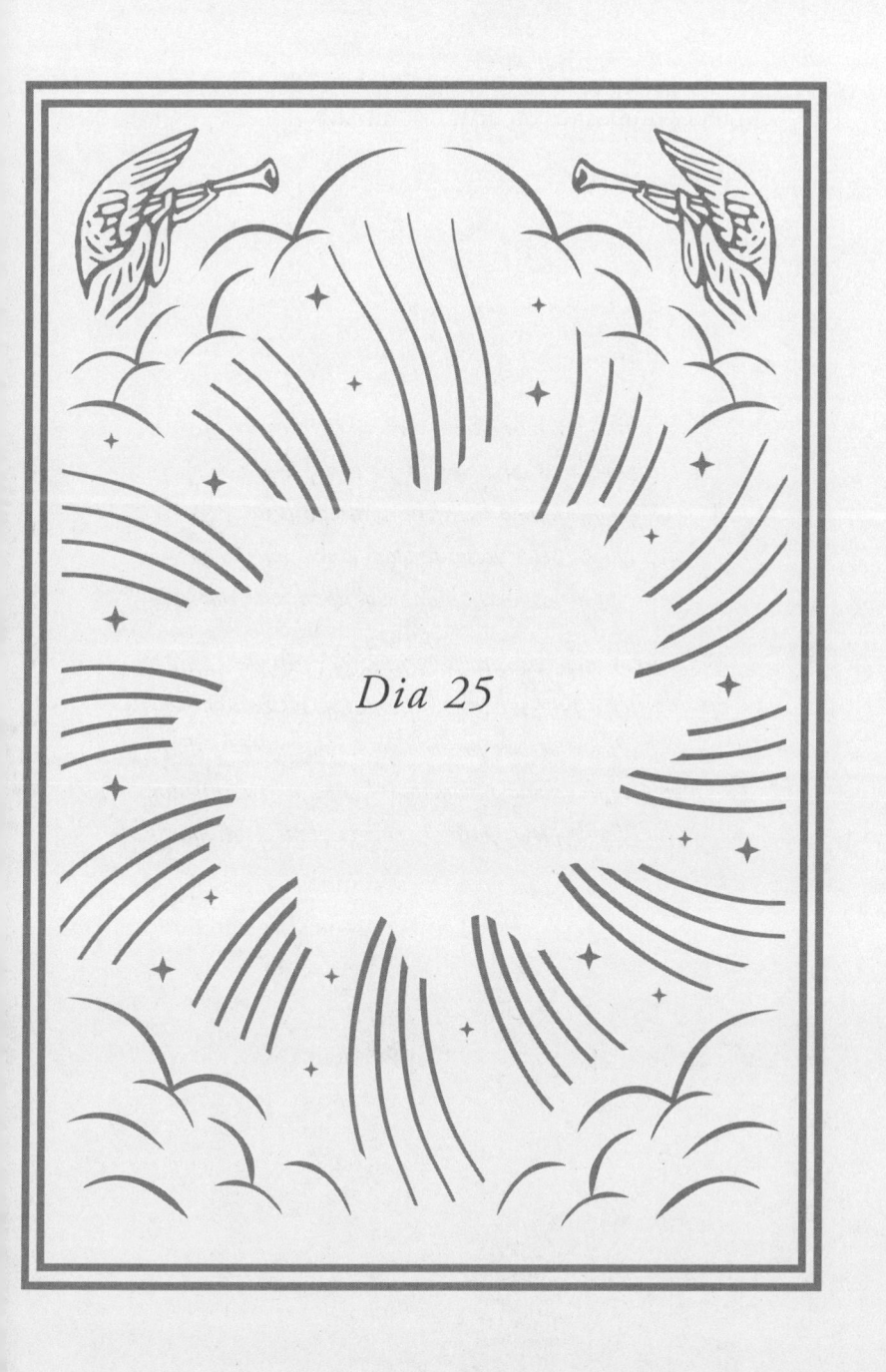

Dia 25

Filhinhos meus, estas coisas vos escrevo para que não pequeis. Se, todavia, alguém pecar, temos Advogado junto ao Pai, Jesus Cristo, o Justo; e ele é a propiciação pelos nossos pecados e não somente pelos nossos próprios, mas ainda pelos do mundo inteiro.

Filhinhos, não vos deixeis enganar por ninguém; aquele que pratica a justiça é justo, assim como ele é justo. Aquele que pratica o pecado procede do diabo, porque o diabo vive pecando desde o princípio. Para isso se manifestou o Filho de Deus: para destruir as obras do diabo.

1 JOÃO 2.1-2; 3.7-8

DIA 25

Três presentes de Natal

Pondere comigo esta situação extraordinária. Se o Filho de Deus veio para ajudar você a parar de pecar — destruir as obras do diabo — e se ele veio também para morrer, a fim de que, quando você pecar, haja uma propiciação, uma remoção da ira de Deus, então, quais são as implicações disso para a sua vida diária?

Três coisas. É maravilhoso tê-las. Eu lhe dou essas coisas, brevemente, como presentes de Natal.

Presente 1: Um propósito de vida claro
A primeira implicação é que você tem um propósito de vida claro. Em termos negativos, é simplesmente isto: não peque — não faça o que desonra a Deus. "Estas coisas vos escrevo para que não pequeis" (1 João 2.1). "Para isto se manifestou o Filho de Deus: para destruir as obras do diabo" (1 João 3.8).

Se você perguntar: "Você poderia nos dizer isso em termos positivos, ao invés de negativos?", a resposta é: sim, está tudo resumido em 1 João 3.23. É um ótimo resumo do que toda a carta de João requer. Note o *mandamento* singular: "Ora, o seu *mandamento* é este: que creiamos em o nome de seu Filho, Jesus Cristo, e nos amemos uns aos outros, segundo o mandamento que nos ordenou". Essas duas coisas estão tão intimamente conectadas para João, que ele as chama de um único mandamento: crer em Jesus e amar os outros. Isso é o seu propósito. Isso é o resumo da vida cristã. Crer em Jesus e amar as pessoas da maneira como Jesus e seus apóstolos nos ensinaram a amar. Creia em Jesus, ame as pessoas. Este é o primeiro presente: um propósito de vida.

Presente 2: Esperança de que nossas falhas serão perdoadas
A segunda implicação da verdade dupla de que Cristo veio para destruir nosso pecar e para perdoar nossos pecados é esta: fazemos progresso em vencer nosso pecado quando temos a esperança de que nossas falhas serão perdoadas. Se você não tem esperança de que Deus perdoará suas falhas, quando começa a lutar contra o pecado, você desiste.

Muitos de vocês estão considerando algumas mudanças no ano novo, porque caíram em padrões pecaminosos e querem sair. Vocês querem novos padrões de comer. Novos padrões de entretenimento. Novos padrões de contribuir. Novos padrões de relacionamento com seu cônjuge. Novos padrões de devoções familiares. Novos padrões de sono e exercícios. Novos padrões de coragem na evangelização. Mas estão lutando e se perguntando se há alguma utilidade nisso. Bem, aqui está o seu segundo presente de Natal: Cristo veio não somente para destruir as obras do diabo, o nosso pecar, mas também para ser um advogado em nosso favor por causa das experiências de fracasso em nossa luta.

Então, eu lhe imploro: permita que o fato de que o seu falhar não terá a palavra final lhe dê esperança para lutar. Mas, cuidado! Se você transformar a graça de Deus em licenciosidade e disser: "Bem, se eu posso falhar, e isso não é importante, então, porque me aborrecer lutando contra o pecado?" — se você disser isso, crer nisso e agir de acordo com isso, você provavelmente não nasceu de novo e deveria tremer.

Mas essa não é a situação da maioria de vocês. A maioria de vocês quer lutar contra os padrões pecaminosos em sua vida. E o que Deus está lhes dizendo é isto: permitam que a propiciação de Cristo para as falhas de vocês lhes dê esperança para lutar. "Estas coisas vos escrevo para que não pequeis. Se, todavia, alguém pecar, temos Advogado junto ao Pai, Jesus Cristo."

Presente 3: Cristo nos ajudará

Finalmente, a terceira implicação da dupla verdade de que Cristo veio para destruir o nosso pecar e para perdoar os nossos pecados é esta: Cristo nos *ajudará* realmente em nossa luta. Ele o ajudará realmente. Ele está do seu lado. Ele não veio para destruir o pecado porque o pecado é divertido. Ele veio para destruir o pecado porque o pecado é fatal. É uma obra enganosa do diabo e nos destruirá, se não lutarmos contra ela. Cristo veio para nos ajudar, não para nos prejudicar.

DIA 25

Portanto, este é o seu terceiro presente de Natal: Cristo ajudará a vencer o pecado em você. Primeira João 4.4 diz: "Maior é aquele que está em vós do que aquele que está no mundo". Jesus está vivo, Jesus é todo-poderoso, Jesus vive em nós, pela fé. E Jesus é por nós, não contra nós. Ele o ajudará em sua luta contra o pecado no ano novo. Confie nele.

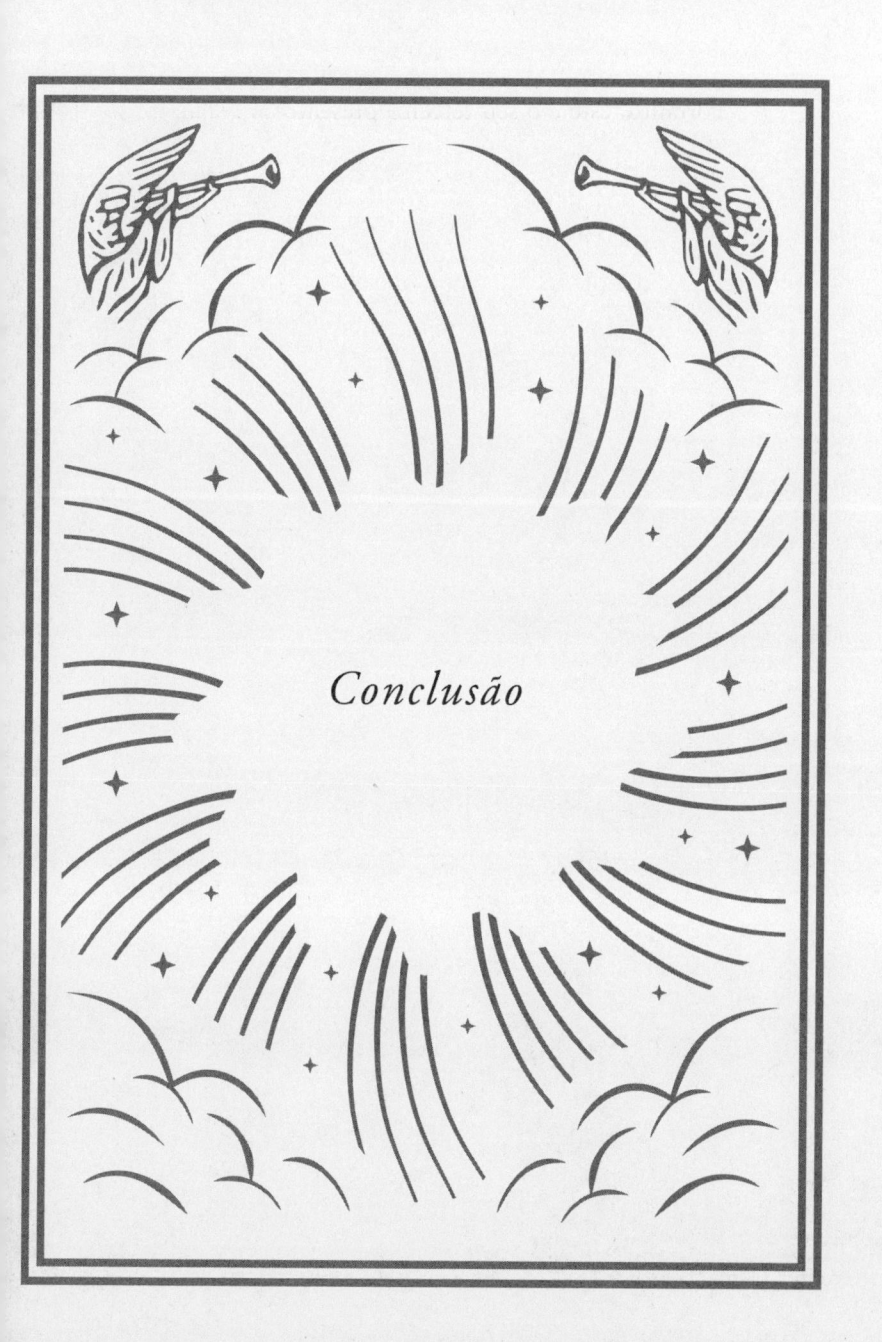

Conclusão

CONCLUSÃO

Meu texto de Natal favorito

Meu texto de Natal favorito coloca a humildade no âmago do Natal. Então, neste Natal estou me maravilhando com a humildade de Jesus e desejando mais dessa humildade para mim mesmo. Citarei o texto em breve.

Mas, primeiramente, há dois problemas. Tim Keller nos ajuda a ver um deles quando diz: "A humildade é muito tímida. Se começamos a falar a seu respeito, ela vai embora". Portanto, uma meditação sobre a humildade (como esta) parece ser autoderrota. No entanto, mesmo pessoas tímidas se mostram às vezes, se tratadas bem.

O outro problema é que Jesus não era humilde pelas mesmas razões por que nós o somos (ou deveríamos ser). Então, como o considerar a humildade de Jesus no Natal pode *nos* ajudar? A nossa humildade, se houver alguma, está baseada em nossa finitude, em nossa falibilidade, em nossa pecaminosidade. Mas o eterno Filho de Deus não era finito. Não era falível. Não era pecaminoso. Então, diferentemente de nossa humildade, a humildade de Jesus se originava de alguma outra maneira.

Eis o meu texto de Natal favorito. Veja a humildade de Jesus.

Pois ele, subsistindo em forma de Deus, [Jesus] não julgou como usurpação o ser igual a Deus; antes, a si mesmo se esvaziou, assumindo a forma de servo, tornando-se em semelhança de homens; e, reconhecido em figura humana, a si mesmo *se humilhou*, tornando-se obediente até à morte e morte de cruz (Fp 2.6-8).

O que define a humildade de Jesus é o fato de que ela é principalmente um ato consciente de colocar-se a si mesmo num papel servil e inferior tendo em vista o bem outros. A humildade de Jesus é definida por frases como:

"A si mesmo se esvaziou [de seus direitos divinos de ser livre de abuso e sofrimento]."

"Assumiu a forma de servo."

"Ele se tornou obediente até à morte e morte de cruz."

Portanto, a humildade de Jesus não era uma disposição de coração por ser finito, falível ou pecaminoso. Era um coração de infinita perfeição, infalível veracidade e liberdade de todo o pecado, que, por isso mesmo, não precisava ser servido. Ele era livre e pleno para transbordar em servidão.

CONCLUSÃO

Outro texto de Natal que diz isso é Marcos 10.45: "O próprio Filho do Homem *não veio para ser servido*, mas para *servir* e dar a sua vida em resgate por muitos". A humildade não era um senso de defeito nele mesmo, e sim um senso de plenitude nele mesmo colocada à disposição de outros para o bem deles. Era uma humilhação voluntária de si mesmo para tornar a sublimidade de sua glória disponível para que pecadores pudessem desfrutá-la.

Jesus faz a conexão entre sua humildade de Natal e as boas-novas para nós: "Vinde a mim, todos os que estais cansados e sobrecarregados, e eu vos aliviarei. Tomai sobre vós o meu jugo e aprendei de mim, porque sou manso e *humilde de coração*; e achareis descanso para a vossa alma. Porque o meu jugo é suave, e o meu fardo é leve" (Mt 11.28-30).

A humildade de Jesus torna possível o alívio de nossos jugos. Se ele não fosse humilde, não teria sido "obediente até à morte e morte de cruz". Se ele não tivesse sido obediente até ao ponto de morrer por nós, seríamos esmagados sob o peso de nossos pecados. Ele se humilhou a si mesmo para receber a nossa condenação (Rm 8.3).

Agora temos mais razão do que antes para sermos humildes. Somos finitos, falíveis, pecadores e, portanto, não temos nenhuma base para nos jactarmos. Mas agora vemos outras coisas que nos humilham: a nossa salvação não é devida às nossas obras, mas à graça de Cristo. Assim, a jactância é excluída (Ef 2.8-9). E a maneira pela qual ele cumpriu essa salvação graciosa foi por meio de auto-humilhação consciente e voluntária, em obediência servil até à morte.

CONCLUSÃO

Portanto, além da finitude, falibilidade e pecaminosidade, temos agora outros dois impulsos enormes em ação para nos humilhar: graça gratuita e imerecida por trás de todas as nossas bênçãos e um modelo de servidão abnegada e sacrificial que assume voluntariamente a forma de servo.

Então, somos chamados a nos unir a Jesus nesta auto-humilhação e servidão consciente. "Quem a si mesmo se exaltar será humilhado; e quem a si mesmo se humilhar será exaltado" (Mt 23.12). "Tende em vós o mesmo sentimento que houve também em Cristo Jesus" (Fp 2.5).

Oremos para que esta "virtude tímida" — este fundamento enorme de nossa salvação e servidão — saia de seu lugar tranquilo e nos dê vestes de humildade neste Advento. "Cingi-vos todos de humildade, porque Deus resiste aos soberbos, contudo, aos humildes concede a sua graça" (1Pe 5.5).

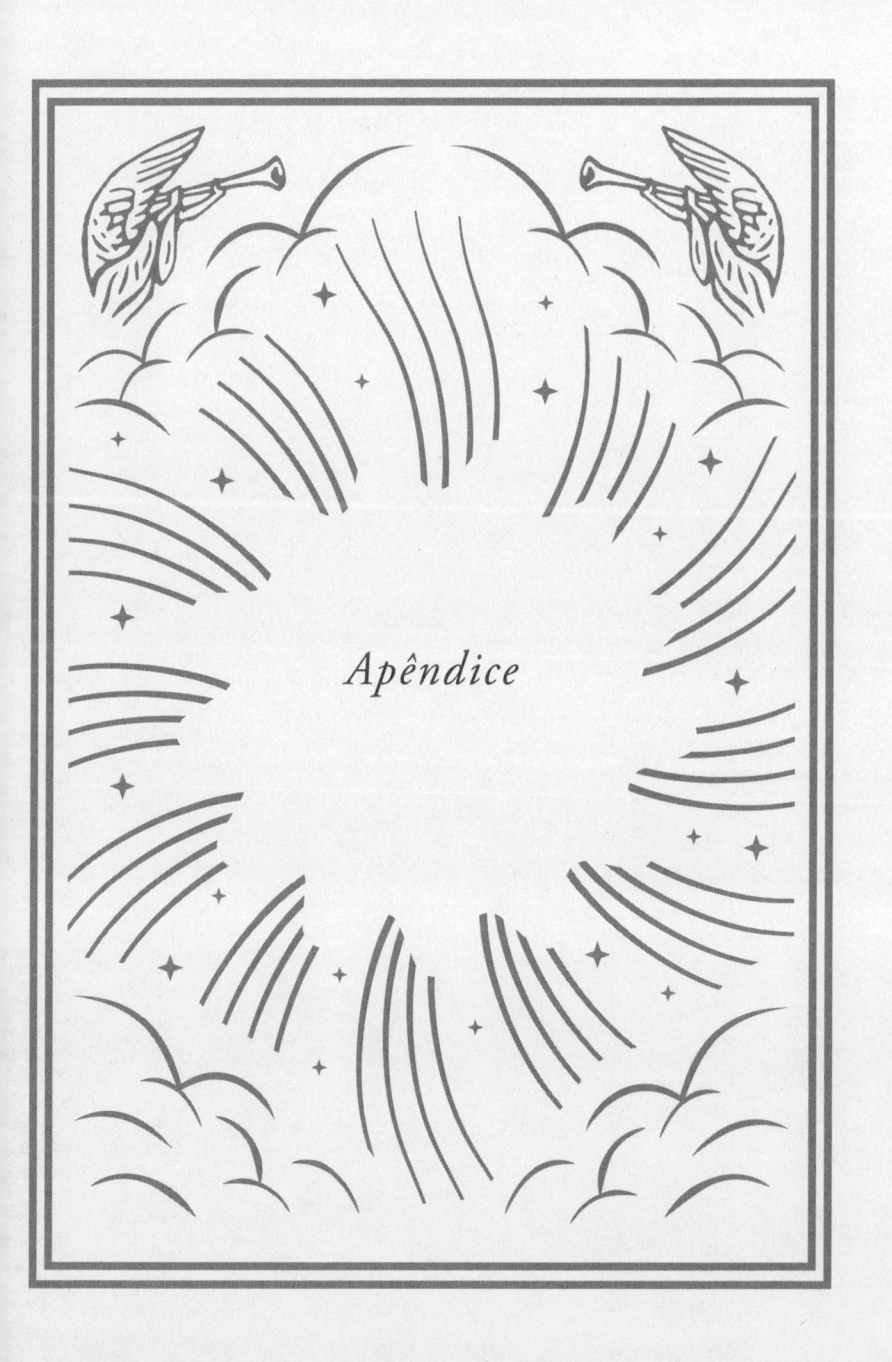

Apêndice

APÊNDICE

As sombras do Antigo Testamento e a vinda de Cristo

Um dos principais ensinos do livro de Hebreus é que o sistema de adoração da Antiga Aliança é uma sombra que foi substituída por Cristo. Portanto, o Natal é a substituição das sombras pela realidade. (Você pode ver isso em Hebreus 8.5, o qual diz que os sacerdotes "ministram em *figura e sombra* das coisas celestes".) Considere seis dessas sombras que a vinda de Cristo substitui pela realidade.

1. *A sombra do sacerdócio da Antiga Aliança*

    Ora, aqueles são feitos sacerdotes em maior número, porque são impedidos pela morte de continuar; este, no entanto, porque continua para sempre, tem o seu *sacerdócio imutável*. (Hb 7.23-24)

2. *A sombra do sacrifício da Páscoa*

    Lançai fora o velho fermento, para que sejais nova massa, como sois, de fato, sem fermento. Pois também *Cristo, nosso Cordeiro pascal*, foi imolado. (1Co 5.7)

3. *A sombra do tabernáculo e do templo*
Ora, o essencial das coisas que temos dito é que possuímos tal sumo sacerdote, que se assentou à destra do trono da Majestade nos céus, como ministro do santuário e do *verdadeiro tabernáculo* que o Senhor erigiu, não o homem. (Hb 8.1-2)

Jesus lhes respondeu: Destruí este santuário, e em três dias o reconstruirei. Replicaram os judeus: Em quarenta e seis anos foi edificado este santuário, e tu, em três dias, o levantarás? Ele, porém, se referia ao *santuário do seu corpo*. (Jo 2.19-21)

4. *A sombra da circuncisão*
A circuncisão, em si, não é nada; a incircuncisão também nada é, mas o que vale é guardar as ordenanças de Deus. (1Co 7.19)

5. *A sombra das leis dietéticas*
Então, lhes disse: Assim vós também não entendeis? Não compreendeis que tudo o que de fora entra no homem não o pode contaminar, porque não lhe entra no coração, mas no ventre, e sai para lugar escuso? E, assim, considerou ele puros todos os alimentos. (Mc 7.18-19)

6. *A sombra dos dias de festas*
Portanto, não permitam que ninguém os julgue pelo que vocês comem ou bebem, ou com relação a alguma

festividade religiosa ou à celebração das luas novas ou dos dias de sábado. Estas coisas são sombras do que haveria de vir; *a realidade*, porém, *encontra-se em Cristo*. (Cl 2.16-17, NVI)

O significado do Natal é que a realidade encontra em Cristo. Ou seja, o ritual religioso é semelhante a uma sombra de uma grande e gloriosa Pessoa. Afastemo-nos da sombra e olhemos diretamente para a Pessoa (2Co 4.6). Filhinhos, guardai-vos dos ídolos — religiosos (1Jo 5.21).

FIEL
MINISTÉRIO

O Ministério Fiel visa apoiar a igreja de Deus, fornecendo conteúdo fiel às Escrituras através de conferências, cursos teológicos, literatura, ministério Adote um Pastor e conteúdo online gratuito.

Disponibilizamos em nosso site centenas de recursos, como vídeos de pregações e conferências, artigos, e-books, audiolivros, blog e muito mais. Lá também é possível assinar nosso informativo e se tornar parte da comunidade Fiel, recebendo acesso a esses e outros materiais, além de promoções exclusivas.

Visite nosso site

www.ministeriofiel.com.br

VOLTEMOS AO EVANGELHO

O Voltemos ao Evangelho é um site cristão centrado no evangelho de Jesus Cristo. Acreditamos que a igreja precisa urgentemente voltar a estar ancorada na Bíblia Sagrada, fundamentada na sã doutrina, saturada das boas novas, engajada na Grande Comissão e voltada para a glória de Deus.

Desde 2008, o ministério tem se dedicado a disponibilizar gratuitamente material doutrinário e evangelístico. Hoje provemos mais de 4.000 recursos, como estudos bíblicos, devocionais diários e reflexões cristãs; vídeos, podcasts e cursos teológicos; pregações, sermões e mensagens evangélicas; imagens, quadrinhos e infográficos de pregadores e pastores como Augustus Nicodemus, Franklin Ferreira, Hernandes Dias Lopes, John Piper, Paul Washer, R. C. Sproul e muitos outros.

Visite nosso blog:

www.voltemosaoevangelho.com

desiringGod

Todo mundo quer ser feliz. O site do ministério Desiring God nasceu e foi construído para a felicidade. Queremos que as pessoas em todos os lugares entendam e abracem a verdade de que Deus é mais glorificado em nós quando estamos mais satisfeitos nele.

Reunimos mais de trinta anos de mensagens e textos de John Piper, incluindo traduções em mais de quarenta idiomas. Também fornecemos um fluxo diário de novos recursos em texto, áudio e vídeo para ajudá-lo a encontrar verdade, propósito e satisfação que nunca terminam. E tudo isso está disponível gratuitamente, graças à generosidade das pessoas que foram abençoadas pelo ministério.

Se você quer mais recursos para a verdadeira felicidade, ou se quer aprender mais sobre nosso trabalho, nós o convidamos a nos visitar:

www.satisfacaoemdeus.org

Esta obra foi composta em Adobe Garamond Pro Regular 11,5, e impressa na Promove Artes Gráficas sobre o papel Pólen Soft 70g/m², para Editora Fiel, em Novembro de 2024